별, 사막, 호수 찾아 고비사막과 홉스골로 떠난 두 번의 몽골 여행

그해, 몽골

일러두기

- 표지 및 본문에 들어간 별과 은하수 사진은 몽골 여행을 함께했던 일행 경훈이(@ blackdeer_)와 승규(@seungqyu_pic)가 촬영한 사진으로 당사자들의 동의하에 수록되었음을 밝힙니다.

- 저자의 블로그에는 에세이 형태로 편집되기 전 먼저 작성한 날것의 몽골 여행기가 기재되어 있으니 『그 해, 몽골』을 읽고 더 많은 여행 사진이 보고 싶다면 blog. naver.com/sougdae 참고 바랍니다.

별, 사막, 호수 찾아 고비사막과 홉스골로 떠난 두 번의 몽골 여행

그해, 몽골

글 · 사 진

신 미 영

푸른향기
Prunbook Publishing Co.

몽골, 그 끌림에 대하여

모든 일이 일어나는 데에는 다 이유가 있다고 한다.

여행지 후보로는 물론이고 한국에서 얼마나 떨어져 있는지조차 몰랐을 만큼 생소했던 몽골이라는 나라에 대해 알게 되고, 여행을 떠나기로 결정하기까지 걸린 기간, 딱 3일!

생각지 못했던 때에 생각지 못했던 방법으로 다가와 별과 은하수로 나를 현혹시킨 몽골은 직접 가서 두 눈으로 마주해보니 광활한 자연과 하늘 가득 빼곡히 박혀있는 별들, 그리고 그 사이를 흐르는 은하수의 아름다움에 마음과 머리가 절로 비워지는 느낌이었다.

무겁게 내리누르던 걱정과 근심거리들이 바람을 타고 너른 자연 속으로 흩어짐과 동시에 마음이 여유로워지니 그곳에서 행복했던 기억들과 느낌만이 남아 또다시 몽골을 찾게 되었다. 첫 여행에서 아시아의 가장 큰 사막이자 몽골의 메인 관광지라 불리는 고비사막을 보고 왔다면 두 번째 여행에선 세계 상위 1%의 호수라는 수식어를 가진 몽골의 휴양지 홉스골로 가 고비와는 전혀 다른 풍경에 넋을 놓고 왔다.

그렇게 두 번이나 운명처럼 나를 이끌었던 몽골에 다녀와 쓰게 된 책 『그 해, 몽골』은 크게 고비사막 투어와 홉스골 투어 두 파트로 나뉘지만, 사이사이 여행을 준비하는 과정과 두 번의 여행을 마치고 난 후 전체적인 느낌을 담은 이야기가 쓰여있다.

여기에 몽골이 의외로 우리나라에서 멀지 않고, 생각보다 광활하며, 사람들의 마음을 사로잡는 아름다운 곳이라는 사실과 함께, 몽골을 잘 모르는 이들에게는 그곳이 가볼 만한 곳임을, 몽골의 은하수를 버킷리스트에 담은 이들에게는 관련 여행 정보를, 몽골을 오해하고 있는 이들에게는 잘못된 정보를 바로잡아 줄 수 있는 책이 되길 바라며, 최대한 많은 이야기를 재미있게 담고자 노력했다.

내가 몽골이라는 나라의 매력에 빠질 때 그랬듯이, 이 책을 읽는 독자들도 가랑비에 옷 젖듯 몽골의 매력에 스며들 수 있다면 더할 나위 없이 좋을 것 같다.

목　차

PART **3**

**두 번째 몽골,
홉스골에 가다**

PART 1

그렇게 여행이
시작되었다

지금이 아니면
안 될 것 같아서

사회생활을 꽤 오래 해오면서 알게 된 점 하나는 똑같은 시간을 회사에서 보내더라도 누군가는 편하게 쉴 거 다 쉬고 놀 거 다 노는 데도 돈을 버는 반면, 누군가는 남들 쉴 때 일하고 남들 일할 때 더 많이 일하는데도 같은 돈을 벌게 된다는 사실이었다.

처음엔 사람이 살면서 일에 흠뻑 빠져보는 시기가 있는 것도 나쁘지 않겠다 생각해 자발적 워커홀릭 커리어우먼이 되었으나 업무 성과에 따른 보람도 한두 번이지, 일을 찾아서 하는데도 불구하고 열심히 한다는 이유로 계속 새로운 일을, 또 해낸다는 이유로 업무 영역을 벗어난 일들까지 떠밀려오자 이렇게 살다간 일에 파묻혀 죽을지도 모르겠다는 생각이 들었다.

매일 일에 치이는 삶이 힘들다 못해 점점 버거워질 무렵, 답답한 마음에 떠나볼까 싶어 찾아본 곳이 여행 커뮤니티였다.

국내에는 2030 세대들이 단체여행 형태로 대중교통을 이용해 가기 힘든 여행지를 편하게 데려다주며 혼자 여행하거나 혼자 오더라도 팀을 만들어 함께 여행할 수 있도록 해주는 커뮤니티가 많은데, 그중 조금 인지도 있는 곳에 가입해보니 꼭 한 번 가보고 싶었던 인제 자작나무숲 여행이 있기에 용기 내 신청해봤다.

그리고 그곳에 가서 만나게 된 이들과 대화를 하다 우연히 별 애기가 나왔는데, 별을 좋아한다는 나에게 한 친구는 몽골의 밤하늘 사진을 보여주며, 이 세상에서 가장 많은 별을 보고 싶다면 몽골에 가보라고 했다. 하지만 직장인 신분으로 해외여행을 쉬이 갈 수 있을 리 없지 않겠냐는 생각에 잊고 지내던 어느 날 이번엔 같은 커뮤니티에서 진행한 소매물도 여행을 갔다가 만난 친구 병모와 지난 여행 이야기를 하다 또다시 별 애기가 등장했다. 그도 별을 좋아해 언젠가 몽골에 가볼 생각이라고.

그러면서 이 모임에 몽골에서 찍은 은하수 사진으로 항공사 여행사진 공모전에서 높은 상을 수상한 친구가 있다며 경훈이를 소개해주었다. 경훈이는 내가 별과 은하수, 그리고 몽골에 관심을 보이니 자신이 찍은 몽골의 밤하늘 사진과 광활한 대자연 속을 달리는 푸르공 옆으로 양과 염소가 풀 뜯어 먹는 영상을 보여주었다. 그 사진과 영상을 보는 순간 나는 몽골이라는 나라에 완전히 매료되어버렸다.

그래서 '여긴 무조건 가봐야겠다'는 생각에 그 자리에 있던 병모와 경훈이, 그리고 인물사진을 잘 찍는 승규까지 세 명을 동행으로 만든 후 3일 만에 회사에 휴가계를 올렸다.

별 하나 보고 떠난
운명 같은 몽골 여행

"하고많은 나라 중 왜 몽골이야?"
"휴양지로 가야 하는 거 아니야?"
"그 정도 휴가면 차라리 유럽을 가겠다."

내가 몽골 여행을 가겠다고 했을 때 주변인들의 반응은 "왜?"였다. 그래도 난 몽골을 외쳤다.

왜?! 별을 보기 위해서! 오로지 별 하나만 보고 가는 곳이 나에겐 몽골이었다.

열심히 일했으니 푹 쉬고 오라며 회사에선 나에게 5일간의 휴가를 승인해주었고, 그 덕에 난 앞뒤 주말을 꽉 채우고 월요일 새벽에 한국에 도착하는 일정으로 8박 10일간의 몽골 여행을 계획할 수 있게 되었다. 허나 번갯불에 콩 구워 먹듯 급하게 결정한 여행이었기에 몽골에 대해 아는 거라곤 하나도 없어 몽골에 대한 기본 조사부터 해야 했는데, 다행히 몽골에 먼저 가봤던 경훈이가 그곳을 잘 알았기에 그에게 많은 도움을 받을 수 있었다.

일단 서울에서 비행기로 단 3시간밖에 걸리지 않음에도 불구하고 드넓은 자연뿐 아니라 별과 은하수를 육안으로 볼 수 있다는 것만으로도 나는 너무 좋아 그 어떠한 단점도 다 커버 될 것 같았으나 물 부족 국가라 샤워하기 어렵다는 점이나 재래식 화장실을 사용해야 한다는 것, 화장실이 보이지 않을 땐 초원에서 해결해야 하고, 5월의 몽골은 겨울이기 때문에 추우며 대기가 많이 건조하다는 점, 그리고 꽤 긴 이동시간과 인터넷 및 전기가 잘되지 않는다는 것까지 들으면 들을수록 몽골 여행이 쉽지만은 않을 것 같았다. 그러나 여행지에서 편하게 지내다 오는 것도 좋긴 하겠지만, 몽골이라는 나라를 제대로 느끼려면 있는 그대로를 경험해 봐야 하지 않을까 라는 생각에 저 단점들을 굳이 걱정거리로 귀속시키지는 않기로 했다.

많은 이들이 씻지 못하는 것과 화장실 때문에 여자들이 꺼리는 곳이 몽골이라 생각할 테지만, 의외로 남자보다 여자들이 더 많이 가는 곳이 몽골이라는 걸 보면 대자연의 압도적인 풍경을 비롯해 낭만과 감성이 살아있는 몽골이라는 장점이 더 크기 때문일 것 같아서.

때가 맞으면
일은 알아서 풀린다

여행을 계획하며 가장 먼저 우리가 한 일은 항공권 예매였다.

여행은 교통편과 숙소 예약만 해도 큰 틀은 다 끝난 거니까.

당시 울란바토르로 가는 국내 항공사는 대한항공뿐이었는데, 마침 대한항공 창립 50주년 기념이라고 50일간 50개 노선 5% 할인행사를 하고 있었다. 예매하려고 들어간 날이 딱 울란바토르 노선 할인하는 날이라 우린 무조건 몽골에 갈 운명임을 직감하고 기분 좋게 항공권을 끊었다. 날짜가 확정되었으니 이제 숙소와 함께 투어사를 정해야 했는데, 몽골에 대해 무지했던 난 몽골도 여느 나라처럼 자유여행이 가능한 줄 알았으나 전혀 아니었다.

도시를 제외하고는 대중교통이 없고 외국인에게 운전할 수 있는 권한을 쉽게 주지 않아 렌트가 어려우며, 길도 대부분 오프로드라 운전하기 힘든데다 숙소 예약은 게르의 존재 여부 확인 불가로 사기당할 가능성이 농후해 제대로 된 현지 여행사를 찾거나 한국 여행사와 연계해서 가는 게 가장 안전하다고 했다. 정말 가서 보니 내비게이션도 없고, 길을 거의 개척해서 가는 것 같던데 용케 목적지에 내려주는 걸 보면 신기하기만 했다.

우리가 선택한 투어사는 몽골 현지 1등 여행사와 연계되어있다는 국내 여행사로, 홈페이지에서부터 신뢰가 풍기던 이곳은 한국어가 가능한 몽골 여성 가이드가 있고 한식도 만들어주는 데다, 식상한 관광 위주의 여행이 아닌 찐 몽골을 느끼게 해줄 것 같아 이곳을 통해 가는 것으로 결정했다.

상담을 통해 세계 3대 사막이라는 고비사막이 들어간 6박 7일 투어로 잡았는데, 몽골에서 움직이려면 푸르공이라는 차를 타야 하다 보니 그 차에 몇 명이 타느냐에 따라 인원에 따른 투어비 차이가 있었다. 우린 일단 널널하게 앉아갈 수 있도록 차 한 대당 4~5명이 타는 것으로 생각하고 더 재미있는 여행이 될 수 있도록 동행도 더 구해보기로 했다.

여행은 같이 가는 사람들로 인해 좋게 기억될 수도 또 나쁘게 기억될 수도 있다 보니 몽골 여행과 관련된 카페와 투어사 홈페이지, 그리고 개인 SNS를 통해 비슷한 연령대와 무던하게 잘 어울려 놀 수 있을 것 같은 여행 스타일을 가진 사람들로 동행을 구했다.

그렇게 만나게 된 우리 팀 가장 큰 오빠인 인표 형님과 막내라인인 누리, 민정이, 지은이가 모여 남자 넷, 여자 넷으로 성비를 맞추게 되었고, 여행 가기 전 네 차례의 만남을 가지며 어색함을 조금씩 풀어나갔다.

여행 준비, 있으면 있는 대로
없으면 없는 대로

비행기 티켓 끊었고, 인원도 확정됐고, 투어 신청도 완료했으니 다음으로 해야 할 건 본격적인 여행 준비. 몽골 입국을 위해 비자를 발급받고(22년 6월부터 몽골 관광 비자가 90일까지 면제되어 현재 무비자 입국이 가능하다), 여행 기간 동안 혹시 모를 위험에 대비한 여행자보험도 들어놓고 이제 짐만 싸면 됐는데, 여행 준비하면서 가장 어려운 게 바로 이 짐 싸기였다.

캐리어는 투어 일정상 매일 숙소가 바뀌는 몽골에서 짐을 풀고 다시 싸는 걸 감안했을 때 무게와 크기가 부담되지 않는 25인치로 준비하고 먼저 몽골에 다녀왔다는 이들의 정보를 긁어모아 준비물 리스트를 작성했다. 몽골의 5월은 겨울이지만 낮과 밤 일교차가 심해 사계절 옷을 다 챙겨가야 한다던데, '얇게 껴입는 게 좋다', '경량 패딩은 필수다', '이동 시간이 기니 편한 옷이 좋다' 이런저런 말들을 다 종합해 짐을 싸면 장롱 하나를 통째로 들고 옮겨야 할 것 같았다.

 그냥 없으면 없는 대로 살자는 생각으로 여름옷과 겨울옷을 한쪽 캐리어에 담기는 만큼 대충 눌러 담고 어차피 씻을 수 없다고 했으니 세면도구와 화장품류를 과감히 줄여버렸다. 로션은 얼굴과 바디 통합으로 쓸 수 있는 거 하나. 바디워시와 샴푸 겸용되는 수딩바스 하나. 선크림은 필수 중에 필수라 부족하지 않게 챙겼으나, 그 외 화장품들은 챙겨가도 쓰지 못할 것 같아 그냥 서로의 쌩얼에 빠르게 적응하는 편을 택했다.

 아무래도 몽골에선 장시간 이동해야 하고 우리가 가게 되는 곳이 시골이라 약을 구하기 쉽지 않기 때문에 다음으로 챙긴 건 감기약과 멀미약, 그리고 지사제였으나 나의 경우 몽골의 태양이 뜨겁다 하여 알로에를 준비하고 건조하다 하여 바셀린을 챙기고 혹시 모를 피부 알레르기를 대비해 바르는 약과 먹는 약을 모두 챙겼다. 하지만 개인 상비약이 아니라면 팀원들끼리 나눠 가져가는 것도 하나의 방법일 것 같았다.

 또 하나 중요한 건 보조배터리.

 몽골은 인터넷도 잘 안 터지지만, 시골엔 전기도 들어오지 않는 곳이 많아 충전이 쉽지 않다기에 연락의 목적보다는 풍경 사진과 동영상 촬영을 위해 보조배터리를 필수로 챙겼다. 막상 가보니 가끔 충전되는 곳이 있긴 해서 중간중간 완충할 수 있었기에 휴대폰으로 사진만 찍을 땐 2만짜리 보조배터리 하나로도 충분했다.

멀티탭 : 몽골의 시골은 대체로 전기가 안 들어오지만, 간혹 들어오는 게르가 있는데, 여기에 콘센트는 한 개뿐이므로 멀티탭을 챙겨가면 여럿이 충전할 수 있다.

블루투스 스피커 : 긴 이동시간 노래가 없다면 각자 돌아가며 지금까지 살아온 이야기를 풀어야 할지도 모를 일. 흥 많은 한국인들에게 노래가 있다면 여행길이 한층 더 신날 수 있고, 별 볼 때 잔잔한 노래를 틀어주면 그게 또 감성적인 분위기를 연출해준다.

슬리퍼 : 샤워장 갈 때나 게르에서 움직일 때 편하고 발에게도 숨 쉴 틈을 줄 수 있다.

손전등 : 어두컴컴한 몽골의 밤에 움직이기 위한 필수품으로 휴대폰 손전등 기능을 이용해도 상관은 없으나 멋진 별 사진을 찍기 위해 별도로 챙겨가는 것도 좋다.

선글라스와 모자 : 그늘이 없고 해가 강한 몽골에서 이 두 가지가 없다면 100% 탄다. 특히 모자는 머리를 감지 못했을 때도 유용한데, 햇빛에 약한 사람들은 챙 넓은 모자에 팔토시까지 착용한다면 절대 후회하지 않을 거다.

핫팩 : 몽골의 밤은 춥다. 상상 이상으로 춥다. 그래서 난 매일 명치에 핫팩을 붙이고 잤는데, 추위 많이 타는 일행들은 배, 등, 발에 다 붙이고 잠들기도 했을 정도.

옷걸이와 수건 : 게르에선 수건을 제공하지 않으므로 개인이 사용할 수건과 그 수건을 말릴 옷걸이를 하나 이상 챙겨가 게르 안에 걸어두면 편하

게 재사용이 가능하다.

이별할 옷 : 옷은 버릴 걸 가져가서 입고 버리고 오면 좋다는 얘기가 많은데 실제로 낙타가 침을 뱉어서, 돌아갈 때 짐을 줄이기 위해 등 다양한 이유로 옷을 버리게 되는 경우가 있다. 사진을 위해선 예쁜 옷도 중요하지만, 버려도 아쉽지 않을 옷을 챙겨가 여행 내내 잘 입고 두고 가는 것도 나쁘지 않으나 버린다는 생각보다는 기부할 수 있는 옷으로 생각하고 가져가는 걸 권한다. 우리에겐 필요 없는 옷이 누군가에겐 필요할 수도 있으니까.

굳이 챙기지 않아도 되는 것들에 대한 팁

모종삽 : 초원에서 큰일을 본 후 땅에 묻어주기 위해 삽이 필요하다는 얘기가 있던데, 이 얘긴 몽골 사람들도 들으면 학을 뗀다고. 가보면 알겠지만, 초원은 그냥 똥 천지라 그대로 두고 가면 된다.

성인용 기저귀 : 낙타트레킹 중 엉덩이가 까져 성인용 기저귀를 차고 타면 좋다는 팁을 본 적이 있다. 물론 그분의 경험에서 나온 말일 테니 이게 무조건 잘못된 정보라고 할 순 없겠지만, 우리 일행 중 낙타 타고 엉덩이 까졌단 얘기를 한 이는 아무도 없었기에 이건 굳이 챙기지 않아도 될 것 같다.

찍찍이 : 게르에 쥐가 지나다녀 안에 찍찍이를 놔야 한다는 글을 봤다는 민정이. 몽골 여행 중 밖에서는 몰라도 게르 내에서 쥐를 본 적은 없어 챙기지 않아도 될 것 같은데, 만에 하나 게르 천막 틈 사이로 쥐가 들어온다면 사람만큼이나 쥐도 당황스러울 테니 잔인하게 죽이기보단 밖으로 나갈 수 있도록 인도해 주는 게 어떨까?

있으면 좋고 없어도 상관없는 것들에 대한 팁

우산 : 초원에서 일을 볼 때 엉덩이를 가리기 위한 필수템으로 우산이 꼭 들어가는데, 바람 불면 휙~ 하고 날아가 오히려 짐이 될 수 있으니 우산은 비 올 때만 쓰자.

면봉 : 고비사막에서 샌드보드 타고나면 온몸이 모래범벅이 되는데, 귀에 들어간 모래를 털어내기에 면봉만 한 것이 없다. 허나 털어도 털어도 모래는 계속 나오므로 있으면 좋지만, 없다 해도 큰 불편함은 없을 수 있다.

목장갑 : 고비사막에 오를 때나 말과 낙타를 탈 때 목장갑을 사용하면 손이 더러워지는 걸 막을 수 있어 편하고 좋은데, 이 경우 사진찍기가 어렵다는 단점이 있다.

인공눈물 : 모래바람이 불 때 자칫 눈에 모래알이 들어가는 경우가 있는데, 그때 인공눈물을 넣어 빼주면 좋다.

김, 고추장, 고추참치 : 현지식이 잘 맞지 않는 이들에게 김과 고추장, 그리고 고추참치는 거의 아이돌급으로 인기가 많았으나, 현지식이 잘 맞는 사람들에게 이건 몽골 음식을 제대로 즐길 수 없게 하는 음식이 될 수도 있다. 물론 몽골에도 한국 식품을 일부 판매하기 때문에 준비하지 못했다면 마트에서 사 먹을 수 있으나 꼭 원하는 브랜드 제품이 있다면 그 제품은 한국에서부터 챙겨가는 걸 권한다.

이 외에 궁금한 건 환전과 유심일 것 같은데, 이 두 가지는 몽골 현지에서 교환 및 구입이 가능하므로 한국에서는 딱히 준비해가지 않아도 된다. 그냥 한화 조금 챙겨가는 정도?

몽골에서는 투그릭이라는 화폐단위를 가진 몽골 돈을 사용하는데, 한국에서 투그릭 환전이 어렵지만 몽골에선 한화를 받기 때문에, 현지 백화점 환전센터에서 5만 원권 또는 만 원권을 투그릭으로 환전한다면 굳이 이중환전을 할 필요가 없다. 참고로 몽골엔 동전이 없으니 지폐만 잘 챙기자.

투어를 시작하고 나면 간식비와 생필품 외에는 돈 쓸 일이 없고 울란바토르에선 카드 사용이 가능해 대부분 카드를 쓰니 현금은 공용회비 인당 8만 5천 원을 걷어 환전해도 우린 부족하지 않았으나, 여행 중 플리마켓을 이용할 이들은 개인 돈을 5~10만 원 정도 따로 환전해 가지고 있는 게 좋다. 남으면 재환전도 가능하니까.

유심은 현지에서 10GB 10일짜리로 당시 25,000투그릭에(12,500원 정도) 구입했는데, 외국인은 현지인에 비해 좀 더 비싸게 살 수밖에 없는 구조지만 그래도 저렴한 편이라 우린 로밍이 아닌 유심을 택했다. 어차피 울란바토르를 벗어나면 통신연결이 잘 안되고, 될 때는 한국에 있는 가족들에게 생존신고를 할 수 있을 정도로 연락이 다 되었으므로 크게 불편함 없이 사용할 수 있었다.

사실 여행 가기 전엔 이것저것 다 필요할 것 같지만, 막상 가고 나면 있으면 있는 대로 없으면 없는 대로 잘 놀고 오기 때문에 너무 많이 챙겨가는 것보다는 꼭 필요한 것들만 챙겨 몸도 마음도 가볍게 출발하는 것이 가장 좋은 것 같다. 그래야 여행 중 캐리어를 열고 닫을 때 후회하지 않을 테니.

울란바토르

바가가즈린촐로

비양작

차강소브라가

홍고르엘스

욜린암

PART 2

첫 번째 몽골,

고비사막을 가다

인천공항2터미널에서
칭기즈칸공항으로

우리가 타고 갈 비행기는 오후 7시 5분에 출발하는 대한항공기였다. 출발 3시간 전까지 인천공항2터미널로 가야 해 공항철도를 탔더니 40분도 걸리지 않아 공항에 도착할 수 있었다. 도착하자마자 출국층으로 올라가 캐리어 무게부터 쟀던 난 수하물 규정 23㎏를 넘기지 않았다는 사실에 안도했다. 몽골 가서 별 볼 생각에 자꾸만 들뜨는 기분을 가라앉히며 일행들과 함께 비행기 탑승을 완료하니 좌석 정면에 달려있는 모니터에선 도착지까지 거리가 1,970㎞라는 사실과 3시간 후 몽골에 도착한다는 안내가 나와 있었다. 조금만 가면 시차로 인해 1시간 젊어질 수 있단 사실에 혼자 흐뭇해하고 있으니, 어느새 비행기가 이륙하고 구름 위로 진입했다.

옆자리에 앉은 지은이와 몸 컨디션부터 최근 근황에 이어 여행에 대한 기대감까지 다양한 주제를 넘나들며 한창 이야기꽃을 피워갈 즈음 뒤에서 기내식을 선택하는 소리가 들려왔다. 우리도 메뉴 선택을 통해

밥과 함께 가볍게 마실 와인을 한 잔 받아들었으나 그거 조금 마셨다고 얼굴이 빨개져 버렸다. 알고 보니 기압이 낮은 기내에서는 알코올 흡수가 빨라져 평소보다 빨리 취한다고….

　기내식은 내 입맛에 맞지 않아 먹는 둥 마는 둥 하고 테이블 정리를 마치자 우리 손에 들려진 건 몽골 출입국신고서였다. 항공권과 비자를 참고해 작성을 마치고 조금 쉬다 보니 비행기가 빠른 건지 수다 떠느라 시간 가는 줄 몰랐는지 어느새 비행기는 칭기즈칸공항에 다다랐다.

우린 입국 절차를 밟기 위해 비행기에서 내려 이동했는데, 줄이 어찌나 긴지 그제야 의외로 몽골 가는 사람들이 많다는 사실을 알게 되었다.

몽골에 가기 전 관련 정보를 찾기 위해 블로그나 책을 뒤졌을 땐 그렇게도 나오는 게 없어 오지라 가는 사람이 많지 않은가보다 했는데, 그게 아니었다. 그 때문에 꽤 오랜 시간 줄 서 있다 심사를 마치고 짐을 찾아 입국장으로 나오니 앞으로 몽골 여행을 함께하게 될 가이드 시네가 우리 팀명이 적힌 플래카드를 들고 기다리고 있었다.

우리만의 5성급 호텔

명절 귀성길을 방불케 했던 칭기즈칸공항 주차장에서 빠져나오느라 우린 예상보다 조금 늦게 숙소에 도착했다. 이날 숙소는 원래 게스트하우스였는데, 우리 인원이 많아서였는지 아니면 여행객들이 많지 않아서였는지 숙소가 자동 업그레이드되어 호스텔(공동침실에서 여러 명이 투숙하며, 샤워실과 주방을 이용객 전원이 공동으로 사용하는 숙박시설로 게스트하우스보다 규모가 크다)로 가게 되었다.

숙소에 도착하자마자 기사님의 도움으로 각자 짐을 찾아 배정받은 2층으로 향하려는데, 건물에 엘리베이터가 없었다. 우린 잠시 당황했으나 결국 계단을 이용할 수밖에 없다는 현실을 깨닫고 위쪽을 올려다보니 계단 수가 좀 많았다.

하지만 4층도 아니고 2층 정도면 그래도 갈만하지 않을까 라는 생각에 힘을 내 이동하려 했는데, 이번엔 캐리어가 엄청 무겁게 느껴졌다.

물론 내 몸무게보다 훨씬 덜 나가는 캐리어라지만 잠깐 드는 것도 힘든데 이걸 들고 오르내릴 생각에 순간 멍해져 있으니, 그걸 그새 눈치챘는지 시네가 내 짐을 대신 들어줘 나는 내 몸만 챙기면 되게 되었다. 곧 다른 직원들도 내려와 일행들의 캐리어를 들어주었는데, 그분들은 캐리어 두 개를 양쪽 어깨에 짊어지고도 힘든 기색 없이 올라가 우리를 놀라게 했다.

우리가 묵게 된 호스텔은 아파트먼트(가정집과 같은 분위기에 호텔 수준의 서비스가 제공되는 숙박업소) 스타일로 문을 닫으면 잠겨버리는 특이한 구조였지만, 방 3개짜리 한 호실 전체를 우리에게 내어준 거라 본격적인 여행을 시작하기에 앞서 편히 쉬며 체력을 충전할 수 있었다. 몽골의 숙소는 열악하다고 생각했던 것과 달리 우리의 숙소는 시내에 있는 곳이라 그런지 일단 위치가 좋았고, 방이 넓고 쾌적하며 화장실이 깔끔하고 수압 세고 온수도 잘 나왔다. 게다가 공용거실도 넓고 와이파이까지 잘 터져 높은 평점을 받을 만큼 좋은 숙소라는 사실을 알 수 있었는데, 나중에 고비사막 투어를 마치고 다시 이곳으로 돌아왔을 때 여긴 그냥 좋은 숙소가 아니라 최고급 숙소였다는 사실을 인정하지 않을 수 없었다.

일단 집 안에 마음 졸이지 않고 갈 수 있는 화장실이 있다는 것과 물이 나오고 전기가 있으며 인터넷까지 된다? 그러면 그 이상 바라면 안 되는 거였다. 거기가 바로 5성급 호텔인 거니까.

고비사막 투어의 시작

투어를 시작하면 씻기 어렵다는 말에 숙소에서 아침 일찍 샤워를 마친 후 캐리어를 들고 내려가니 앞으로 우리와 여행을 함께할 새로운 일행들이 기다리고 있었다. 그중 가장 반가웠던 건 전날 공항에 마중 나와준 가이드 시네였고, 그다음은 또 다른 가이드 바츠카, 그리고 푸르공(러시아 군용차를 개조해 만든 차로 구조가 단순해 문제가 생겼을 때 수리가 쉽고 오프로드를 달리는 데 최적화되어 있다) 기사님들이었다.

그들과 가볍게 인사를 나눈 후 이동한 첫 번째 장소는 1924년에 세워져 현재까지 운영 중이라는 국영백화점으로 우린 이곳에서 환전과 함께 투어 기간 사용할 것들을 구입했다. 한화에서 투그릭으로 바꿀 때 화폐가치가 2배가 되자 부자가 된 듯한 마음에 한껏 담아온 간식과 주류, 생필품을 계산대에 올리자 끝도 없이 찍혀 나오는 영수증에 걱정이 밀려오기 시작했다. 하지만 그렇게 샀음에도 결제금액이 한화로 12만 원

도 안 된다는 사실에 놀라움을 감추지 못했는데, 정작 문제는 그다음에 생각났다.

"이걸 어떻게 다 들고 숙소로 가지?"

차가 막힐 것을 우려해 백화점 오픈 시간에 맞춰 도보로 이동한 우리였기에 장 본 걸 들고 다시 돌아가야 했는데, 액체류 양과 무게가 장난 아니라 어쩌면 좋을지 고민하며 백화점을 나오는 순간 센스 있게 백화점 정문 앞에 주차되어있던 푸르공 두 대가 보였고, 그와 동시에 우리의 얼굴엔 미소가 번졌다.

짐을 나눠 싣기 위해 푸르공 문을 여니 푸르공의 맨 앞자리는 기사님과 가이드가 앉고 뒷자리엔 3자리씩 총 6명이 탈 수 있게 되어 있었다. 꽉꽉 채워가는 것보단 4~5명이 조금 널널하게 타야 편하게 갈 수 있는 구조였고, 모든 좌석이 정방향인 푸르공이 있는가 하면 마주 보게끔 앉는 푸르공도 있어 멀미가 심한 사람들은 정방향으로 앉아가는 게 나을 듯했다. 하지만 개인적으로 멀미가 심한 나를 포함해 멀미한다는 일행 모두 몽골의 풍경에 취해 먼 곳을 바라보며 가서 그런지 통통 튀는 푸르

공 안에서 실제 멀미를 한 사람은 여행 내내 아무도 없었다.

　차 문이 닫히고 투어를 시작하기에 앞서 주유소에 들를 거라는 시네의 말에 몽골 주유소는 어떤 모습일지 기대했는데, 그곳은 무척이나 심플하게 주유기만 존재했다. 푸르공은 특이하게 주유구가 왼편, 오른편에 하나씩 있어 양쪽을 다 채워야 출발할 수 있다며, 앞으로 식당까지 4시간 더 가야 하니 화장실 갈 사람들은 미리 상가 화장실을 다녀오라고 했다.

　이때까지 마주한 화장실들이 다 깨끗해서 방심하게 된 걸까? 다시 출발한 푸르공에서 맥주 마시며 신나게 놀던 앞차 일행들은 식당에 도착하기 전 급하게 신호가 와서 가게 된 현지 화장실을 보고 경악을 금치 못했다고 한다.

"거기서 볼일을 봤다간 병에 걸렸을 거예요."

충격에서 벗어나지 못한 표정으로 말한 지은이는 참고 초원을 선택하려 했으나 아무리 가도 언덕이 보이질 않아 정말 죽는 줄 알았단다. 목적지까지 얼마나 남았는지를 계속 묻다 결국 참지 못하고 "STOP!!!"을 외쳐 어찌저찌 볼일은 보고 왔다던데, 그 후로도 화장실 사건은 유독 그녀에게만 더 큰 충격을 안겨줬고, 지은이는 몽골의 화장실 문화, 그러니까 그냥 날것의 화장실을 가장 제대로 목격한 이가 되었다.

주변 풍경이 건물에서 들판으로 바뀌고 초원에서 풀을 뜯는 소부터 말과 양, 염소가 나타나자 그 누구의 방해도 받지 않고 그 누구의 눈치도 보지 않고 저 하고 싶은 일들을 하는 모습에 '이렇게 모든 게 조화를 이루며 평화롭게 사는 곳이 몽골이구나' 하는 생각이 들었다.

푸르고 초록초록한 풍경들이 눈의 피로를 가져가 편안하게 해주니 시간 가는 줄 모르고 풍경 감상에 빠져 있다 슬슬 배고픔이 느껴질 즈음 식당에 도착했다. 처음에 같이 출발했던 앞차 일행들은 먼저 와 밥을 거의 다 먹은 상태였는데, 여기 음식이 진짜 맛있다고 노래를 부르기에 한껏 기대하고 있을 때 시네가 수태차를 가져다주었다.

수태차는 우유에 찻잎을 넣고 끓인 몽골 전통차로 물이 귀한 몽골에선 물 대신 마신다는데, 이게 또 집집마다 맛이 조금씩 다르다고 한다. 여기서 먹은 수태차는 고소하면서도 밍밍한 느낌이라 한 잔을 다 마실 만큼 맛있진 않았기에 맛만 보고 내려놓았다. 대신 시네가 한국인 입맛에 맞게 김치를 넣어 요리해달라고 요청했다는 밥에 기대를 걸었는데,

35

소 모양의 판에 김치와 고기, 달걀이 적절히 섞여 보기만 해도 군침이 흐르던 이 볶음밥은 간 조절에 실패했는지 생각보다 짜게 나와 많이 먹을 수 없었다. 먼저 온 이들은 자신들이 먹은 것과 달라진 맛을 이해할 수 없다는 표정이었으나, 기대가 큰 만큼 실망도 컸던 우린 의도치 않게 소식하고 다시 차에 오를 수밖에 없었다.

목적지는 같지만 가는 길은 다른지 푸르공 두 대는 다시 갈라졌다. 우린 처음에 두 차가 나란히 달리다 중간에 한 차가 멈추면 같이 멈춰 멋진 풍경을 배경으로 사진 찍을 수 있을 거라 생각했으나, 중간중간 기름을 넣는다거나 화장실을 간다거나 그 차에 탄 사람들과 차 상태에 따라 다른 길을 선택하기도 하는 모양이었다.

마을을 벗어나니 다시 드넓은 초원이 펼쳐지기에 창밖 구경을 하고 있는데, 갑자기 차가 덜컹거리더니 말로만 듣던 오프로드 놀이동산이 개장됐다. 키가 큰 사람은 푸르공 천장에 머리가 닿는 신기한 경험이 가능하고 손아귀 힘이 없는 사람은… 아니 그냥 모든 사람이 푸르공 안에서 통통 튀며 날아다니는 소위 디스코팡팡을 타는 기분을 경험할 수 있으며, 간혹 롤러코스터를 타듯 심장이 공중부양하는 느낌도 덤으로 느낄 수 있는 푸르공 오프로드 놀이동산. 그래서 손잡이를 꽉 잡아야 하는데, 손잡이가 거의 없는 차에선 더할 나위 없이 오프로드 놀이동산을 제대로 즐길 수 있었다.

몽골의 그랜드캐니언
차강소브라가

울란바토르에서 출발한 지 꼭 8시간 만에 고비사막 투어 첫 번째 목적지인 차강소브라가에 도착했다.

몽골 자체가 워낙 땅덩어리가 넓은데 우린 거기서도 더 안쪽으로 들어온 것이다 보니 차강소브라가에 도착했을 땐 오후 5시 30분을 지나고 있었다.

차강소브라가를 둘러보기 위해 차에서 내리니 주변으로 보이는 풍경이 장관이었다.

자칫 잘못해 발을 헛디뎠다간 그대로 골로 갈 것 같이 깎아지른 절벽이라니!

광활한 자연 앞에 그저 넋을 놓고 있는데, 갑자기 아래로 내려가자며 절벽 사이 보이지 않는 좁은 샛길로 우릴 안내하는 시네와 바츠카. 앞장선 그녀들을 따라 우린 줄줄이 거의 기어가는 수준으로 손과 발을 모두 이용해 내려갔다. 흙으로 인해 미끄러질 가능성이 큰길이라 한 사람이 넘어지면 도미노처럼 굴러 내려가게 될 수 있으니 조심하자며, 발가락 끝에 힘 빡! 주고 집중해 걷다 보니 어느새 절벽 아래에 도착했고, 그곳에서 올려다본 차강소브라가의 모습에 우린 또 말을 잃었다.

이 절벽의 모습을 어떻게, 뭐라고 표현해야 할지….

장엄한 풍경을 허접한 나의 사진 실력으로 어떻게 담아내야 할지 모르겠기에 일단 그냥 담기는 대로 찍기 시작했는데, 차강소브라가는 고생대에 바닷속 지층이 융기, 풍화되어 생긴 절벽이라 그런지 바위와 돌색이 다양했다. 여기서 조개와 소금도 발견됐다 하니 오래전 바다였다는 말이 맞는 거겠지만, 우리가 이 봉우리에서 저 봉우리로 뛰어다니고

밟고 서 있는 지금 이곳이 바다였다는 말은 쉬이 믿기지 않았다.

　산은 올라가는 것보다 내려가는 게 더 힘들다지만 차강소브라가는 옛 바다여서 그런지 내려가는 것보다 올라가는 게 더 힘들었는데, 올라가지 않으면 숙소로 갈 수 없어 미끄러지지 않으려 최대한 노력하며 다시 한 걸음씩 발을 내디뎌 위로 올라가야 했다.

　"이게 힘들다고 하면 고비사막은 어떻게 올라가려고 그래~"

　헉헉거리며 올라가는 우리의 모습을 본 시네의 말에 절벽을 오르는 것만큼이나 고비사막이 힘든 곳이라면, 정말 그렇다면, 깔끔하게 고비사막은 포기하기로 했다. 하지만 투어 자체가 고비사막 투어였고 오늘이 투어 1일차였기에 어쩔 수 없이 우리의 포기는 보류되었고, 차강소브라가의 절벽 위와 아래에서 보는 풍경이 다르다는 사실과 우리가 바로 전까지 꺄르륵거리며 뛰놀던 곳이 수많은 봉우리 중 단 하나에 불과하다는 사실에, 인간은 그저 대자연 속 티끌 같은 존재일 뿐이라는 것을 두 눈으로 보며 직접 깨닫게 되었다.

유목민 게르에서 본
첫 은하수

곧 그토록 기다리던 별을 볼 수 있다는 사실에 설렘 모드 풀가동시키며 도착한 곳은 낙타를 키우는 유목민 게르였다. 게르는 유목민들의 생활에 적합하게 조립과 분해, 이동이 쉬운 형태로 만들어진 몽골의 전통 가옥이었는데, 내부엔 싱글 침대와 테이블, 의자 몇 개가 전부였다. 그것만으로도 기본적인 생활을 하는 데 불편함이 없어 우리가 살아가는 데 정말 필요한 물건은 의외로 몇 개 없는지도 모르겠다는 생각이 들었다. 보통 게르는 팀 단위로 배정해 게르 하나에 남녀 구분 없이 5~6명씩 들어간다는데, 비수기에 방문했다는 이유로 우린 하나의 게르에 4명씩 남녀 구분해 사용할 수 있었다.

각자 누울 침대를 정하고 짐 정리를 마친 후 나는 밖으로 나가려다 문에 이마를 세게 박아버렸다.

게르는 문이 낮은데, 항상 겸손한 마음으로 방문하라는 의미로 고개를 숙이게 만든 거라고 했다. 웃긴 건 들어갈 땐 조심하는데, 나올 땐 문이 낮다는 걸 자꾸 까먹거나 중간에 머리를 들어 혼자 가만히 있는 문을 들이박는다는 것이었다. 심할 땐 혹이 아니라 이마가 튀어나올 것 같았다. 이렇게 매번 문에 들이받히는 게 내가 겸손하지 못한 탓이라 생각해도 눈물이 찔끔 나, 겸손이 힘들다는 사실과 문에 머리를 박으면 저절로 겸손해지니 진짜 맞으면서 배워야 잊히지 않는다는 말을 새삼 실감했다.

게르 밖 야외테이블에 앉아 책을 읽기도 하고 너른 벌판의 풍경을 감상하기도 하다 뜬금없어 보이는 곳에 세워진 네모난 건물에 시선이 끌려 다가가 보니, 말로만 듣던 몽골 화장실이 눈앞에 있었다. 그곳엔 몽골 화장실이 이 정도면 흡족하다는 글이 쓰여있어 약간은 안도하며 문을 열어봤는데, 내부가 썩 나쁘진 않은 것 같았다. 특히 화장실 변기에 앉으면 바깥 뷰가 광활한 자연이라 무척 신선하게 느껴졌다. 화장실 문이 안쪽이 아니라 바깥쪽에서 잠기는 구조인 건 아이러니했지만, 물 내리는 레버와 손 씻는 곳이 없다는 사실보다 당황스럽진 않았다.

유목민 게르에선 새끼 동물들도 가까이에서 볼 수 있다는 말에 이번

엔 낙타들이 모여 있는 곳으로 향했다. 돌담으로 둘러싸인 곳엔 낙타 열댓 마리가 모여 있었고, 그 밖으로 외출 나가 있는 낙타가 또 열 마리 정도 되는 듯했지만 아무리 봐도 낙타들의 크기가 작지 않았다. 저것들이 새끼라면 큰 건 도대체 얼마나 거대하다는 건지 의아해하고 있을 때, 민정이가 다가와 새끼 낙타들이 있는 곳을 알려주었다. 이날 낙타의 털이 까맣다는 사실도 처음 알게 됐지만, 너무 어리면 우리에 가두지 않고 놀라 다른 곳으로 도망갈 수 없도록 발에 줄을 묶어놓는다는 사실도 알게 됐는데, 가까이 다가가자 깜짝 놀라 펄쩍 뛰는 새끼 낙타들을 보며 그들의 심적 안정을 위해 외부인은 그만 사라져줘야 할 것 같았다.

해가 지기 전 씻어야 한다기에 게르로 돌아왔으나, 이곳은 세면대나 대야가 없어 게르 밖에서 2인 1조로 손에 물을 조금씩 부어가며 얼굴을 씻어야 했다. 길에서 생수로 세수하긴 처음이라 꼼꼼하게 씻기 어려운 것은 물론이고, 물이 너무 찬데다 바깥 공기가 건조해 피부가 찢어질 것 같았다. 그래도 석양을 바라보며 씻는 기분을 몽골이 아니면 어디에서 느껴보겠냐며 긍정적으로 생각하기로 하고 초고속 세수를 끝낸 후 게르로 들어가니 시네가 저녁으로 몽골식 전통 면 요리를 해주었다. 감자볶음면 같은 요리였는데, 이게 먹다 보니 국물을 찾게 되는 묘한 음식이었다.

저녁을 먹은 후 석양이 지기 시작했지만 우린 딱히 할 게 없었다. 별이 뜨기까지는 시간이 한참 남아 있었고, 바깥은 점점 추워져 안에서 놀거리를 찾다 우린 보드카를 꺼냈다.

몽골에서 뭘 사야 할지 모르겠을 때 칭기즈칸 이름이 들어간 걸 사면

평타는 친다는 말을 듣고 구입해 온 칭기즈칸 보드카였는데, 경훈이가 음료와 비율 맞춰 제조해준 덕분에 다 함께 맛있는 보드카의 세계로 입문할 수 있었다.

별이 뜨기 시작했다는 소리에 옷을 껴입고 핫팩과 담요 챙겨 밖으로 나오니 시네가 센스 있게 마당에 작은 모닥불을 피워줬다.

온몸을 꽁꽁 싸매고 불 앞에 옹기종기 모여앉아 밤하늘을 올려다보는 순간, 별이…!!!

시간이 지날수록 눈이 어둠에 적응되어 그런지 별은 더더욱 많이 보였는데, 주변에 건물과 조명이 일절 없으니 오른쪽 끝에서 왼쪽 끝까지 반원을 그리며 하늘을 쳐다보면 그 모든 곳에 빼곡히 별이 박혀 있었다. 눈을 어디에 둬도 온통 별천지라는 말은 이럴 때 쓰는 말인 것 같다고 느꺼질 무렵, 별 볼 때 꼭 듣고 싶다고 병모가 추천했던 Virginia To Vegas 의 'Beautiful'이 배경음악으로 깔리기 시작했다. 동시에 우린 별빛 속 으로 빨려 들어가고 있었다. 왜 별을 보려면 몽골에 가야 한다고 하는지 백번 알 것 같은 풍경이 눈앞에 펼쳐지니, 감탄사와 함께 자연스레 입에 서 흘러나온 말은 단 한마디였다.

"아름답다…!"

그 이상의 말은 떠오르지 않아 같은 말만 반복할 정도였는데, 어쩜 하 늘에 이리 별이 가득할 수 있는지 두 눈으로 보면서도 믿지 못하다 이번 엔 은하수를 찾기 시작했다.

한국에선 대기오염과 빛 공해로 쉽게 보지 못하는 별과 은하수를 몽 골에선 무수히 많은 별 때문에 구분하지 못하려나 했는데, 저 멀리서 은 하수는 뿌옇게 자신의 존재를 알리고 있었고, 우린 다시 한 폭의 그림 같 은 밤하늘을 무한정 두 눈에 담아낼 수 있었다. 별을 보는데 무슨 이유로 그렇게 마음이 평온해지는 건지는 알 수 없었으나, 아름다운 별들의 끌 림에 밤새 응하고 싶은 마음이었다. 하지만 모닥불이 꺼져가자 추위가 뼛속까지 침투하기 시작했고, 일정이 많이 남아 있으니 오늘은 그만 들 어가자는 일행들의 권유에 게르로 들어가 눈을 감았다.

평생 볼 별을 하루에 다 본 것 같다는 생각이 들 만큼 전날 본 밤하늘 의 감동이 채 가시지 않은 상태로 맞이한 아침. 밖으로 나오니 어제 본 건 꿈이기라도 했다는 듯 거짓말같이 하늘은 푸르기만 했다. 하지만 남 은 기간 내내 은하수와 별이 가득한 밤하늘을 볼 수 있을 거라는 기대감 에 다시 행복이 충전되는 느낌이었다.

몽골의 설산과 신기루,
그리고 달란자드가드

우리가 꽤 안쪽까지 들어와 있었는지 달란자드가드라는 도시까지 나가는 데만도 차로 3시간이 걸렸다. 오프로드에서 온로드에 진입했을 때 주변으로 염소들이 눈에 띄기 시작했고, 초원과 파란 하늘, 그리고 동물들에게 시선이 팔릴 즈음 앞쪽으로 파랗고 하얀 뭔가가 보였다.

"설마 설산인가? 몽골에 설산이 있나?"

놀라워하는 우리를 보고 기사님이 차를 멈춰주셨다. 잠시 내려 바깥 공기 쐬며 풍경 감상을 시작했는데, 좋은 게 좋은 거라고 내린 김에 사진 찍는 것도 잊지 않았으나 눈에 보이는 것과 달리 설산은 너무 멀리 있어 만족스러운 사진을 찍을 수 없었다. 풍경을 단체사진으로 대신하고 다시 설산을 향해 나아가다 설산 아래로 깔린 푸르른 바다처럼 보이던 게 들판과 마을로 바뀌는 모습을 보며 신기루였다는 걸 알게 됐다. 사막에서 오아시스를 발견했다는 착각에 빠져 걸어가다 죽는 사람들이 이런

마음일까 싶어 신기하면서도 무서워졌다.

　달란자드가드의 한 샤워장에 도착하자마자 미리 캐리어에서 꺼내둔 샤워용품과 옷가지를 들고 들어가니 시네가 멈춰 세웠다.

　"잠깐 기다려요."

　현지인들도 이용하는 대중샤워장이다 보니 순서를 지켜야 하는 듯했는데, 잠시 기다리고 있자 그녀는 둘이 들어가라며 번호를 하나 불러주었다. 좌우로 여러 개의 번호가 적힌 문을 지나 알려준 번호가 붙은 문을 열고 들어가니 옷을 벗는 곳과 씻는 곳을 임의로 구분해 사용할 만큼 넓은 공간이 나타났지만 뭔가 이상했다.

　"응? 여기 원래 둘이 씻는 곳 맞나?"

"왜 샤워기가 하나지?"

분명 인당 돈을 내고 사용하는 걸 텐데, 1인 1샤워실 줘야 하는 게 아닌가 싶어 따지러 나간 나에게 시녜는 이렇게 말했다.

"한 사람 씻는 동안 한 사람은 비누칠하면 돼."

그녀는 함께 씻는 방법을 알려주었고, 사람 많은 샤워장에서 빨리 씻고 가려면 논쟁보단 수긍하는 게 나을 것 같아 2인 1조가 되어 씻기로 했다. 물은 찬물과 따뜻한 물을 같이 틀어 온도조절을 해야 했는데 나와 한 조가 되었던 누리가 아주 기가 막히게 적정 온도를 맞춰놔 따뜻한 물로 개운하게 씻을 수 있었고, 이후 몸도 마음도 깨끗해진 상태로 먼저 이동한 일행들이 있는 식당으로 향했다.

샤워 후 마시는 콜라 한 잔이 어찌나 시원하고 맛있던지 사람이 행복감을 느끼는 데 그리 대단한 무언가가 필요한 건 아니라는 사실을 깨달으며 다시 만난 일행들과 수다 떨고 있으니 드디어 우리 앞에 몽골의 현지 요리가 등장했다.

얇은 밀가루 피로 덮여 베일에 싸인 요리처럼 등장한 음식은 바로 양고기찜이었다. 밀가루 피는 고기 빨리 식지 말라고 덮어놓은 건 줄 알았는데, 양고기와 같이 먹는 음식이었다. 양고기 사이사이 숨어있던 오이, 당근, 감자도 하나씩 앞접시에 담은 후 고기를 뜨려는데, 함께 나온 나이프가 제각각이라 누군 잘 썰리고 누군 안 썰려 칼 하나도 나눠 쓰는 훈훈함을 자아냈다.

우리나라에서는 육질이 연한 어린 양을 잡아먹는 데 반해 몽골에서는 사용가치가 떨어진 늙은 양을 잡아 누린내도 더 심하고 질기다는 건 알고 있었으나, 처음부터 비계 부분을 잘못 손댄 병모와 아침에 먹은 소시지 여파가 컸던 인표 형님은 여기서 먹은 음식으로 인해 양고기와 영영 친해질 수 없게 되었다. 하지만 우리 옆에서 양고기를 양손으로 뜯던 이웃팀들을 봤을 때 몽골의 양고기는 호불호가 갈리는 음식이라고 봐야 할 것 같았다.

이후 마트에 들러 앞으로 3일간 먹을 간식을 구입하라는 시네의 말에 우린 술부터 쟁이기 시작했다.

장바구니 한가득 술을 싣고 이동하면서 우리나라 과자들이 보이면 이 무슨 애국정신인지 평소 한국에선 먹지도 않던 과자들을 쓸어 담았고, 너무 한국 과자만 먹나 싶어 바츠카에게 맛있는 몽골 과자를 추천받으려 했으나 그녀는 바로 선을 그어버렸다.

"몽골 과자 맛없어요."

현지인이 맛없다 하니 과자는 대부분 한국 과자와 다른 외국산 과자로 구입하고 기사님들께 드릴 아이스크림도 한 개씩 구입해 차로 갔는데, 기사님들은 잠깐 차 정비하러 가신 터라 다들 차에 타지 못하고 푸르공이 만들어준 그늘에 쭈그리고 앉아 태양을 피하고 있었다.

정수리를 태울 것 같은 뜨거운 태양열에도 일행들은 정수리보다 아이스크림이 녹을까 전전긍긍했고, 기사님들이 돌아오시는데 시간이 조금 더 걸릴 것 같다는 말에 아이스크림을 잠시 마트에 맡기고 막간을 이용해 푸르공과 단체사진을 찍으며 놀기로 했다.

몽골 여행이라는 키워드를 SNS에 검색해보면 푸르공 위에 올라가거나 옆에 매달려 찍은 사진들을 많이 볼 수 있는데, 푸르공은 기사님의

개인 소유 차량이기 때문에 말없이 올라가는 건 엄청난 실례라고 한다. 실제로 허락을 구할 때 거부하는 기사님들도 있다고 해서 우린 쭈뼛거리며 물어볼까 말까 고민만 했는데, 같은 투어사를 이용해 온 이웃팀은 차량에 자주 올라가 사진을 찍기에 그럼 우리도 우리 차 말고 그 팀 차에 올라가자는 의견을 냈고, 약간 양아치 같긴 하지만 기사님이 오기 전 후다닥 찍고 내려오자는 데 합의했다.

처음엔 올라가고 싶은 사람만 올라가기로 했으나 결국 8명 모두 올라가 시네와 함께 멋진 사진을 찍고 아주 만족스러워하며 내려왔는데, 뜯어보면 마트 앞 주차장에서 찍은 사진일 뿐이고 올라가는 것보다 내려오는 게 더 무서워 주차장엔 우리들의 비명소리가 난무했다.

그렇게 또 하나의 추억을 만들고 나니 타이밍 좋게 기사님들이 돌아오셨고, 마트에 맡겨놨던 아이스크림을 찾아다 선물로 드리니 아주 좋아하셨다. 그렇게 모두가 행복했던 휴식 시간을 가진 후 우린 마을 같던 도시를 벗어났다.

사막지대 초원 겸
얼음협곡 욜린암

 1시간 반가량 달렸을까, 심하게 구불거리는 길에 진입했다 느낄 즈음 차창 밖으로 보이는 풍경은 믿을 수가 없었다.

 한여름에도 얼음을 볼 수 있어 얼음계곡이라 불린다는 욜린암이었으나 지구 온난화로 인해 이제 여름에는 얼음을 볼 수 없다는데, 아직 겨울 끝자락이어서 그런지 산 사이사이 눈이 남아있었다.

 고비사막 코스 중 유일한 초원지대라는 욜린암에서 우리가 하게 될 체험은 승마트레킹으로, 승마가 처음이었던 난 설렘과 두려움이 반반이었다. 잘 훈련된 말들이라지만 혹시나 하는 걱정에 모여있던 말들 중 가장 순할 것 같은 작은 말 옆에서 서성이자 유목민 아저씨는 말의 왼편에서 안장에 오를 수 있도록 도와주셨다. 나와 한 조처럼 붙어있던 민정이의 말도 정해지자 유목민 아저씨는 안장도 없는 말 위에 올라 민정이의 말과 나의 말, 그리고 그가 탄 말까지 욜린암 속으로 출발시켰다.

　다들 말 타는 걸 즐기는 모습을 보자 내가 가지고 있던 두려움도 조금씩 사라지는 듯했는데, 무엇보다 풍경이 멋있으니 그쪽으로 더 관심이 쏠려 나 또한 금세 말에 적응하고 풍경에 집중할 수 있게 되었다. 다만 말을 탄 상태에서는 바닥에 뭘 떨어뜨려도 다시 줍기 힘들고, 높은 곳에서 떨어지는 거니 깨질 위험도 있어 웬만하면 아무것도 들고 타지 말라고 했으나, 이 멋진 풍경을 어찌 카메라에 담지 않을 수 있을까. 주머니 지퍼를 열었다 닫았다 하며 안전에 유의해 사진 잠깐 찍고 다시 넣어 잠그길 반복한 덕에 휴대폰도 살리고 멋진 사진들도 건질 수 있었다.

넓은 초원에 말이 가는 길은 따로 있는지 굳이 좁은 길과 중간중간 뭉쳐있는 돌 위를 걸으며, 말 세 마리가 한 번에 움직이다 넘어지는 게 아닐까 불안해지기 시작할 즈음 유목민 아저씨가 탄 말이 발걸음을 멈췄다.

'뭐가 있는 건가? 위험을 감지한 건가?'

혼자 소설을 쓰고 있는데, 유목민 아저씨가 말을 달래는 듯하더니 잡고 있던 줄로 말을 한 대 때리기 시작했다. 알고 보니 이 말은 무슨 이유에서인지 말을 듣지 않고 반항하는 중이었던 건데, 사람들 많은 데서 혼나니 말도 기분 나빴는지 안가겠다며 더 꿋꿋하게 버티다 결국 본인이

이길 수 없다는 판단을 내렸는지 정신 차리고 다시 출발했다. 일렬로 가다가 이열로 갔다가 삼각구도로까지 움직이는 사이, 계곡 너머로 중간중간 걸어 다니는 사람들과 먼저 왔는지 옹기종기 모여있는 말들이 보이기 시작했다.

계곡을 건넘과 동시에 우릴 내려준 유목민 아저씨 옆으로 가 내 무거운 몸뚱이 싣고 먼 길 와준 말에게 심심한 감사의 인사를 건네려는데, 말의 눈가가 촉촉했다. 내가 많이 무거웠나 싶어 다이어트를 결심하려는 찰나 문득 말의 다리에 시선이 꽂혔다.

"얘 다쳤네?"

좁은 길 지나올 때 돌에 걸려 기우뚱하더니 그때 다친 건지는 정확히 모르겠으나 피 흘리는 부상 투혼으로 날 옮겨준 것이었다는 걸 알게 되자 말에게 더더욱 미안해지는 상황이었지만, 몽골어를 할 줄 몰라 이 사실을 유목민 아저씨께 알리지 못했다.

그래도 말들이 목 축이고 쉴 동안 유목민 아저씨가 알아채 주길 바라며, 뒤이어 합류한 일행들과 이번엔 더 안쪽으로 이동해 보기로 했다. 길이 좁고 미끄러운데다 눈까지 쌓여있어 정말 조심해서 움직여야 했다.

욜린암에서 이젠 얼음을 찾아보기 힘들다는 이야기가 믿기지 않을 만큼 안쪽 두꺼운 얼음 위로 소복하게 쌓인 눈을 보자 여름에 이 모습을 보는 것도 장관이겠다는 생각은 들었지만, 앞으론 겨울에만 볼 수 있는 풍경이고 지구온난화가 더 심해지면 겨울에도 보기 힘들 수 있다 생각하니 안타까운 마음에 이 모습을 내 눈에라도 오래 담아야 할 것 같았다.

더 깊이 들어갈 수 있는 구조는 아닌 것 같아 딱 반환점에서 돌아 나오며 다시 각자 타고 왔던 말에게 다가갔는데, 내가 타고 왔던 말은 다행히 다친 부위가 유목민 아저씨 눈에 띄었던지 내게 다른 말이 배정되어있었다. 한결 가벼운 마음으로 새로운 말을 타고 출발점으로 복귀하는데, 돌아갈 때도 올 때와 같이 천천히 걸어가는 수준이라 여유롭게 풍경을 감상할 수 있었다. 조금은 달려도 괜찮을 것 같다는 생각이 들지

않은 건 아니었으나 앞서가던 말들이 뛰기 시작하자 너도나도 달려 나가는 말들을 보며 초보자인 우리에겐 그냥 걸어가는 말이 훨씬 좋은 것 같다는 생각이 들었다.

특히 달리는 말을 탔던 일행들은 재미를 얻었지만, 카메라 후드와 전자담배를 잃어버렸다는 슬픈 이야기가 있고, 또 다른 이는 말이 너무 말을 듣지 않아 어르고 달래 겨우겨우 끌고 오는 모습을 보여줘 우리의 선택이 나쁘지 않았음을 알려줬다.

원래 율린암은 걸어서도 다녀올 수 있는 거리라고 하지만 우리는 편하게 승마트레킹을 한 거였는데, 조금 더 많은 걸 보고 느끼고 싶다면 두 발로 걸어보는 것도 좋은 경험이 될 것 같다.

은하수와
별똥별이 함께하는 캠핑

    한 폭의 그림 같은 욜린암을 벗어나 이번에 향한 곳은 우리가 밤하늘을 이불 삼아 잠들게 될 장소, 바로 캠핑장이었다. 하지만 욜린암에서 30분 정도 떨어져 있던 이곳에 막상 도착해보니 여긴 캠핑장이라고 부르기에 조금 무리가 있다 싶을 만큼 차 한 대 지나가지 않는 초원이었고, 우리 외엔 아무것도 없는 허허벌판이라 이건 노숙이라고 불러야 하는 게 아닌가 싶을 정도였다.

    "오늘은 여기서 잘 거예요."

    뭐가 문제냐는 듯 아무렇지 않은 얼굴로 말하는 시네를 따라 일단 짐부터 챙겨 내리긴 했는데, 보면 볼수록 여기서 어떻게 자야 하나 싶어 막막하기만 했다.

    우리가 캠핑을 선택했으니 텐트를 쳐야 하는데, 의외로 텐트를 쳐본 사람들이 없어 기사님의 도움을 받아야 했고, 기사님은 몽골어로 우린

한국어로 짧게 치고빠지는 대화를 하며 서로 눈치껏 적당히 알아듣는 작업이 이어지자 그래도 뭐가 되고 있긴 했던 건지 텐트가 그 형태를 갖추어가기 시작했다. 곧이어 완성된 텐트를 보며 기뻐한 것도 잠시. 안에 돗자리를 깔았다가 밖에 앉을 자리가 없어 다시 빼내고 바닥에 그대로 눕기엔 춥고 등이 배길 것 같다는 걱정이 들 무렵 건네받은 매트 4개로 텐트 안을 채우고 개인 침낭까지 넣으니 넷이 쪼르르 누웠을 때 꽉 들어찰 잠자리가 완성됐다.

그것도 집 지은 거라고 그새 배가 꺼져 가이드들이 해준 한식으로 배를 채우고 어디서 공수해 온 건지 알 수 없는 마른오징어를 구워 고비맥주와 함께 먹고 있는데, 이미 몽골에 완벽적응하고 초원에 앉아 밥상 대신 캐리어 깔고 먹고 노는 모습이 너무 자연스러워 우리가 며칠 전 몽골에 온 사람들이라는 게 믿기지 않을 정도였다.

워낙 해가 긴 몽골이라 할 것 없이 앉아 있으면 계속 술만 먹게 될 게 뻔했기에, 해가 지기 전 산책이나 하고 올 겸 자리에서 일어났다. 이곳에 도착하자마자 좌측 언덕은 여자 화장실로, 우측 언덕은 남자 화장실로 정해 사용하다 보니 화장실로 산책 가는 건 조금 부담스러워 뒤쪽 언덕으로 향했다.

걷다 보니 이렇게 멀었나 싶을 정도로 체력이 소진되는 느낌이었으나, 일단 집 밖으로 나왔으니 어디라도 찍고 가자는 생각으로 언덕 꼭대기에 다다랐을 땐 우리들의 텐트가 하나의 점이 되어 있었다. 그리고 그

점을 감싸고 있던 주변 풍경은 우리가 평소 쉽게 볼 수 없고, 앞으로도 인위적으로 창조해내기 힘들 대자연의 모습이라 어떤 수식어를 가져다 붙여도 그 멋들어짐을 표현해낼 단어가 없을 것 같았다. 함께 산책 나온 승규와 풍경을 감상하며 열심히 사진 찍다 보니 이대로 내려가기엔 조금 아쉽다는 생각이 들어 그 자리에 눌러 앉아버렸고, 그곳에서 한참을 자연 속에 스며있었다.

멋진 풍경을 보면 왜 기분이 좋아지는지 또 왜 안정감이 드는지는 모르겠으나 나는 이곳에서 일과 삶에 치여 숨 쉴 틈조차 없던 나에게 숨 쉬는 법과 마음을 쉬게 하는 법을 배우고 있었고, 그건 내가 무언가를 해야만 얻어지는 것이 아니라 단순히 자연을 바라보는 것만으로도 알아서 숨이 쉬어지는 것이라는 사실도 깨닫게 되었다. 그렇게 탁 트인 곳에서 자연과 함께 숨을 쉬니 마음이 절로 정화되며 치유되는 듯한 느낌에, 이 시점에 몽골에 오게 된 이유가 다 있었던 게 아닐까 하는 생각마저 들었다.

우릴 찾으러 온 병모를 따라 일행들이 기다리는 곳으로 가 석양을 등지고 사진 찍으며 해가 지길 기다렸는데, 완전 자연 속이라 그런지 몽골이라는 나라 특성이 그런지 저녁 9시가 넘어가도 해는 떨어질 생각을 하지 않았다. 결국 별 보며 마시려 했던 보드카 에덴을 먼저 꺼내 가볍게 마시며 별이 뜨길 기다려보기로 했다. 에덴은 사슴 그림이 그려져 있는 병 디자인부터 참 예쁜데, 순하고 맛도 좋아 개인적으론 전날 마신 칭기즈칸 보드카보다 선물용으로든 먹기 위한 용으로든 더 낫다고 생각될 정도였다. 술이 들어가고 하늘이 점점 어두워지자 머리 위로 하나

둘 떠오르기 시작한 별과 함께 우리의 가시거리는 좁아지기 시작했다.

돗자리 밖으론 너무 어두워 손전등 없인 한 발자국도 딛기 힘든 상황에서 민정이는 씩씩하게 혼자 볼일 보러 언덕을 넘어갔다가 뭔가 앞으로 빠르게 지나가는 걸 보고 기겁하고 돌아와 발 동동 구르며 당시 상황을 설명했는데, 뭐가 나타났다는 사실보다 민정이의 놀란 그 모습이 미안하게도 너무 귀여워 웃기만 했던 우린 그래도 혹시 모르니 화장실에 갈 땐 둘씩 짝지어 움직이기로 했다.

자연의 법칙을 거스르지 않고 찾아온 밤.

술을 일찍부터 먹은 데다 이 세상에 우리만 남겨진 기분이어서 그랬을까, 경훈이의 스피커가 열일해주니 다들 텐션이 높아져 몽골 욜린암 부근에 작은 클럽을 만들었다. 요즘 노래부터 과거로 거슬러 올라가며 HOT, god 노래는 기본이고 싸이까지 총출동시켜 광란의 파티를 열었으나, 텐션 지속성이 좋지 못한 난 적당히 즐기다 조용히 혼자 별 볼만한 곳을 찾아 일행들과 잠시 헤어져 언덕을 오르기 시작했다. 어디가 좋을지 걸어 올라가다 어디에 시선을 둬도 선명하게 보이는 별들에 감탄하고 있는데, 언덕 위에서 깜빡이는 빛이 보인 듯해 멈칫! 누군가 부르는 소리가 잠시 나는가 싶어 멈추면 조용하고, 반대로 내가 부르면 오직 바람 소리만 답할 뿐이었다.

여기엔 우리 일행밖에 없는데 몽골 사람이 부르는 건지 몽골 귀신이 부르는 건지 낮에 앉아있던 언덕까지 올라가고 싶었지만, 기분이 쎄해져 꼭대기까지 가진 못하고 '몽골 욜린암에서 별 보러 언덕 오르다 사망한 한국 여성'이라는 기사가 뜨지 않기만을 바라며 조심스레 주변을 걷다 경훈이를 발견했다.

그제야 안도의 한숨과 함께 긴장이 풀려버린 난 조용히 별 사진 찍으러 올라왔다는 경훈이와 땅바닥에 앉아 마음 편히 별에 빠져들 수 있었다. 혼자 바라보는 별도 좋았지만, 살짝 겁먹어서 그런지 옆에 누가 있다는 사실만으로도 든든했는데, 잠시 후 내가 사라진 줄 알고 걱정되어 찾으러 온 지은이까지 합류해 셋이 별을 보다 천천히 내려갔다.

텐트로 돌아오니 클럽은 진작 문을 닫았는지 일행들이 돗자리에 일렬로 누워 별을 바라보고 있었다. 우리도 그쪽으로 합류하자 하늘에 가득 박혀있던 별들은 가끔 하나 둘 떨어지며 시선을 떼지 못하게 만들었다. '몽골에 가면 수시로 떨어지는 별똥별을 볼 수 있다'는 이야기를 실감하며 한참을 누워 별을 보고 있으니 술에 취한 건지 별에 취한 건지 추위도 느껴지지 않았다. 일행들이 다 자러 간 후에도 홀로 새벽 3시까지 남아 별들을 바라보다 텐트 안으로 들어가니 그제야 몸이 떨려왔다. 핫팩을 붙이고 양말 위에 수면양말까지 신고 침낭 속에 들어가 잠들었음에도 불구하고, 발이 시리고 땅에서 한기가 올라와 깬 새벽. 볼일 보러 언덕으로 향하는데, 눈앞에 휴지들이 휘날리고 있었다. 몽골의 초원에서 볼일을 보면 사용한 휴지는 챙겨와 따로 버리는 게 가장 좋지만, 그렇지 못할 경우 적어도 바람에 날리지 않도록 주변에 있는 돌로 잘 눌러주어야 하는데, 눌리지 못한 휴지들이 바람에 날리고 있던 것이었다. 몽골에서 볼일 볼 때 주변에 사람이 있는지 살피는 것만 중요한 줄 알았는데, 휴지를 잘 처리하는 것과 땅에 둥지를 튼 새나 알이 있는지도 확인해 그들 집에 실수로 홍수 내는 일이 없어야 한다는 것도 명심해야 할 것 같았다.

변수가 불러오는
특별한 경험

욜린암에서 홍고르엘스까지 4시간 정도 걸린다기에 체력 보충을 위해 쪽잠이라도 잘 생각이었는데, 눈을 감기도 전에 차가 멈춰 주변을 둘러보니 기사님은 어떤 돌무덤 앞에 차를 대고 계셨다.

초원 허허벌판에 딱 하나 있던 돌무덤은 몽골어로 '히르기수르'라고 했는데 가까이 다가가 보니 제물로 바쳐진 건지 염소 해골을 비롯한 동물의 뼈가 곳곳에 보였고, 그 위로 파리들이 날아다녔다. 바츠카에게 물어보니 이곳이 고비사막으로 가기 전 사막에서 길을 잃지 않고 안전히 다녀올 수 있도록 기도드리는 곳이라고 했다. 그 말에 기사님 뒤를 이어 우리도 돌무덤 주위를 좌측에서 우측으로 세 바퀴 천천히 돌며 돌을 던지고 기도드렸다.

다시 출발한 차가 오프로드를 달리다 뭔가 이상한 느낌을 받았는지 멈춰 섰다.

'기도드린 지 아직 한 시간도 안 됐는데 벌써 기도발이 다한 건가?'

'내가 종교뿐 아니라 믿음도 없다는 사실을 몽골 신이 아신 건가?'

불안한 마음에 상황을 살피니 우리 차 뒷바퀴에 펑크가 나 아예 휠이 바닥에 닿을 정도로 심하게 바람이 빠져 있었다. 멋모르고 이대로 쭉 달렸다면 골로 갈 뻔했다며 길 한복판에서 이렇게 되면 어찌해야 하나, 우리나라처럼 보험사나 견인차가 당장 달려와 줄 수 있는 것도 아니고, 우리 차가 투어 차량 중 가장 마지막에 움직여 뒤차에 도움을 청할 수 있는 것도 아니고, 그렇다고 폰이 빵빵 터져서 연락이 잘 되는 것도 아니니 고비사막에 가보기도 전에 길바닥에서 죽는 건가 싶었는데, 푸르공 기사님은 당황하지 않고 장비를 꺼내 차를 수리하기 시작하셨다.

차 뒤에 여분의 타이어가 있었는지 기존 타이어를 빼내고 척척 바퀴를 갈아 끼우셨는데, 몽골 길 자체가 오프로드가 많고 온로드라 해도 바닥이 파인 곳이 많아 험하기 때문에 타이어 여분은 필수인 것 같았다. 만일 신입 기사님이었다면 모 자동차 보험회사의 광고처럼 운전석에서 내리자마자 멘탈이 나가 어찌할 바를 모르고 눈물짓고 있었을지도 모를 일이니 투어사에서도 이런 사태에 대처할 수 있는 경험 많은 노련한 기사님을 배치하는 것 같았다.

처음엔 뭘 도와줘야 하나 쭈뼛거리고 있으니 바츠카가 신경 쓰지 않아도 된다면서 기사님과 몇 마디 나누더니 수리가 될 동안 조금 기다려 달라고 했다. 넘어진 김에 쉬어가랬다고, 우리도 상황을 대수롭지 않게 생각하고 주어진 시간을 즐기기로 했다.

그나마 다행이었던 건 우리 차에는 사진 잘 찍는 경훈이와 승규, 그리고 놀거리가 존재하고 있다는 것이었다. 먼저 바츠카를 포함한 우리 차량 인원 전부 달리던 길을 배경 삼고 주변에 피어있던 꽃을 소품 삼아 열심히 설정샷을 찍다 경훈이가 델을 가져왔다는 사실을 기억하고, 그의 동의하에 몽골 전통의상체험에 나섰다. 남성용 델을 꺼내긴 했으나 끈을 감고 묶는 방법을 정확히 몰랐던 그를 대신해 기사님이 승규가 델 입는 것을 도와주셨고, 바츠카는 평소에도 델을 입는지 본인 여분 옷을 내게 빌려줘 여성용 델 상의도 간단히 입어볼 수 있었다. 여성용 델은

생활한복 느낌이라 남성용 델이 더 기품있게 느껴졌으나, 승규가 입은 모습을 보니 키가 작은 내가 입었다면 바닥 청소를 하고 다녔을 것 같아 입지 않길 잘했다는 생각이 들었다.

어느새 타이어 교체가 완료되었고 가다가 또 몇 차례 차가 멈추는 상황이 발생해 (홍고르엘스로 가기 전 주유했던 주유소에서 가짜 기름을 넣어 차가 고장 나버렸다) 오늘 안에 홍고르엘스로 갈 수 있을지 의문이 들었지만, 10년이 넘는 경력을 가지신 기사님의 긴급조치와 푸르공의 주유구가 2개인 덕분에 안전하게 목적지에 닿을 수 있었다.

오르다 죽을지도 모를
고비사막 홍고르엘스

　사람들이 하도 고비사막 고비사막 해서 사막 이름이 고비인 줄 알았는데, '고비'라는 단어 자체가 '사막'이라는 뜻이었다. 그러니 우린 매번 사막사막이라 부르고 다녔다는 건데, 고비사막의 진짜 명칭은 모래사막 정상에서 부는 바람 소리가 마치 노랫소리 같다 하여 '노래하는 언덕', '노래하는 모래'라는 뜻을 가진 홍고르엘스라고 한다.

　아무래도 모래로 이루어져 있다 보니 날씨가 좋지 않으면 올라가기 힘들다던데, 나름 고비사막 투어의 꽃이라 불리는 이곳까지 와서 정상을 밟지 못한다면 그 또한 슬플 것 같았다. 게다가 여기서만 경험할 수 있다는 샌드보드도 한 번 타보려면 정상에 가야만 했다. 그래서 우린 아주 패기롭게 사막 정복에 나섰다. 어차피 사막에서 신발은 짐만 될 뿐이라 초입에 가지런히 벗어놓고 휴대폰도 모래가 들어가지 않도록 비닐팩에 넣어 가방에 담았는데, 사진을 안 찍자니 또 아쉬워 폰이 망가지더라도 손에 쥐고 이동하기로 했다. 뜨거운 모래에 발이 데일 수 있어 양말 투혼으로 걷기 시작한 우리는 가다 서다를 반복하며 각자 자신의 속도로 걸었다. 사진 찍느라 점점 뒤처진 난 먼저 걸어간 이들의 발자국을 보며 혼자 남겨진 것 같은 외로움에 사로잡혀 로버트 프로스트의 시 '가지 않은 길'을 떠올렸다.

얼마 걷지 않은 것 같은데 벌써 힘이 부치기에 뒤돌아보니 시작점에 주차해놨던 푸르공이 작아져 있었다. 그럼 정상이 가까워져 있어야 하는데, 정상은 까마득하게만 느껴졌다. 그래도 '계속 걷다 보면 도착하겠지'라는 생각으로 천천히 정말 천천히 내 페이스에 맞게 걸어가다 사막 중간에 앉아있는 시네를 발견했다. 그녀는 고비사막을 백번도 넘게 올라갔다고 했는데, 다리에 무리가 와 내려갈지 올라갈지 잠시 쉬며 고민하는 것 같았다. 그러면서도 힘들어하는 나에게 굳이 빨리 갈 필요는 없다며 얼마가 걸리든 꼭 정상에 올라 멋진 고비사막의 모습을 보라고 응원해줬다. 그 말에 다시 힘을 내 올라가기 시작했는데, 아무리 가도 저 끝은 나에게 그저 신기루일 뿐 닿지 않는 곳 같아 보였고, 어쩌면 내가 여길 올라가고 있는 게 맞긴 한 건가 하는 의문마저 들었다.

두 걸음 내디디면 한 걸음 밀려 내려온단 얘기는 익히 들어 각오하고 올라간 거였지만, 왜 난 한 걸음 내디디면 1.5걸음 밀려 내려오는 것만 같은 건지. 모래를 밟을 때 발자국이 패이지 않으면 좋을 텐데 몸이 무거워 모래 위에 사뿐히 올라가지 못하는 내가 원망스러울 뿐이고, 평소에 운동을 하지 않아 남들 다 올라가는 이곳도 못 올라가는 내 체력이 거지 같을 뿐이고. 심지어 콩만 한 벌레도 사막을 기어 올라가는데, 그

보다 더 큰 내가 못 올라가니 여기서 포기하면 벌레만도 못한 인간이 되는 것 같아 자존심 상할 뿐이었다.

그렇게 한참 그 자리에 서서 원망과 한탄을 하고 있자니 정말 한심하기 짝이 없었다. 그러다 '내가 여기서 뭐 하고 있는 건가. 나는 누구인가. 굳이 왜 힘든 고생을 사서 하고 있나'라는 물음이 꼬리에 꼬리를 물기 시작하자 그냥 포기해버리고 말까 싶었는데, 먼저 정상에 도착한 일행들의 응원 소리에 쉬이 포기할 수도 없는 상황이 되어버렸다.

같이 단체사진 찍겠다고 나를 기다리고 있는 일행들과 사막에서 바람 불면 카메라에 모래 다 끼고 망가질 텐데, 그걸 각오하고 멋진 사진 찍어주겠다며 무거운 카메라 들고 등반한 경훈이에게 미안해서라도 난 어떻게든 올라가야 했다.

사실 목이 말라 일행들이 사막 중간에 꽂아놓은 생명수를 마시기 위해 속으로 '한 걸음 더! 한 걸음만 더!'를 외치며 올라간 것도 있었는데, 물을 진짜 딱 한 모금씩만 남겨놨을 뿐이라 빈 생수통 들고 다시 오르는 게 더 무겁게 느껴졌으나 끝내 난 정상에 올랐다.

"이게 진짜 고비사막이구나!"

힘들게 올라서 그런지 정상에서 바라본 풍경은 실로 어마어마하게 느껴졌다.

고비사막에 오르기 전엔 예쁘고 다양한 사진을 많이 찍어 올 생각을 하고 있었는데, 막상 정상에 오르고 나니 너무 힘들어 사진 찍자는 얘기는 들리지도 않았고, 찍고 싶은 마음 또한 들지 않았다. 그냥 여기에 드러누워 하염없이 쉬고 싶었는데, 정신을 차리고 나니 그래도 여기까지 왔는데 사진 한 장은 남겨야 할 것 같아 사진을 찍기 시작했다.

내 한 몸 끌어올리기도 힘든데 카메라까지 들고 올라온 경훈이를 생각해 정상에서 단체사진도 찍고, 세계 3대 사막이라는 고비사막에 올라왔음을 인증하는 개별 인증샷도 찍고, 정상에 앉아 모래 노랫소리를 들

으며 잠시 쉬어주다 샌드보드를 타고 내려가기로 했다. 고비사막에선 걸어 내려가는 방법도 있긴 하지만, 이왕이면 색다른 방법을 선택해 보는 것도 좋겠단 생각에 우린 2명씩 조를 만들었다. 먼저 내려가는 일행들을 보고 있자니 내려가는 속도에 몸이 움츠러지면서도 스릴있어 보여 용기 내 탑승해보니 위험 요소가 없진 않았지만, 그래도 확실히 재미있었다.

애초에 주의사항 따윈 없었기에 그냥 쭉 내려가는 게 가장 안전하게 타는 거라는 말만 믿고 보드에 몸을 맡겨 내려가는데, "꺅!" 소리가 나올 즈음 모래와 바람으로 인해 입이 턱 막혀버렸다. 바람에 날아갈 것을 우려해 모자와 선글라스, 마스크 다 벗고 탔다면 뚫린 구멍이란 구멍엔 모래가 다 들어갈 뻔했고, 우리가 내려가는 길목에 다른 팀 사람들이 서 있었는데 자칫 잘못했다간 다 같이 부딪히는 대형사고가 날 뻔하기도 했다. 위험을 감지한 그분들이 후다닥 피하지 않았다면 볼링공과 볼링핀처럼 죄다 날아가 여행이 종료되는 일이 발생할 수 있었을 만큼 위험했다.

"보드 진짜 제대로 타시던데요?"

보드가 멈추고 모래 범벅된 몸을 털며 일어나니 앞에 있던 분들이 엄지를 세우며 말했다.

"언니, 지은이랑 같이 모래에 파묻힌 줄 알았어요."

"모래 속으로 사라졌다가 갑자기 튀어나오던데? 진짜 재밌어 보였어."

일행들도 이렇게 말하는 걸 보니 남들도 부러워할 만큼 신나게 타긴

한 모양이었다.

올라가는 건 오래 걸렸지만 내려오는 길은 샌드보드와 함께여서 초고속이었기에 푸르공이 있는 위치까지 남은 거리는 편히 걸어갔고, 푸르공 타고 10여 분 달려 다시 숙소에 도착했다.

온몸을 꽁꽁 감쌌음에도 어느 틈으로 모래가 들어갔는지 몸에선 계속해서 모래가 흘러나왔고, 신경 써서 샤워를 했음에도 두피에까지 박힌 모래를 한번에 털어낼 수는 없었다. 순서대로 샤워를 마친 후 매점으로 향한 우리가 사막이 보이는 바깥 벤치에 앉아 시원한 맥주 한 캔을 꿀떡꿀떡 마시며 행복해하고 있으니 바츠카가 다가와 선물을 주고 갔다.

고비사막 정상에 도착한 순서대로 등수를 매겨 빨리 올라간 사람들에게 선물을 주기로 했었나 본데 난 처음부터 끝에 있어 듣도 보도 못했지만, 우리 팀에서 2등부터 5등까지 나왔다고 하는 것 같았다.

1등이 인표 형님이라는 말도 있던데, 난 진작 꼴찌였어서 순위를 신경쓰지 않았으나 몽골어가 적힌 엽서 선물이 조금 부럽긴 했다. 들은 바에 의하면 고비사막이 높이 300미터, 전체 길이 약 180km로 세계 3대 사막이라 불리는 만큼 규모가 어마어마하고 초입에서 정상까지 오르는 데는 보통 1시간~1시간 반 정도 걸린다고 한다.

내가 딱 1시간 컷이었고 일행들이 빠른 거였다는 걸 알게 되자 그들이 대단해 보이기도 했지만, 그보다 내가 정상이었다는 사실에 안도할 수 있었다.

투어 때마다 고객들과 함께 올라간다는 가이드들도 매번 힘들어하는 곳이 고비사막이라는 걸 보면 고비에 적응한다는 건 쉽지 않은 일 같지

만 다소 시간이 걸리더라도 포기하지 않는다면, 성취감과 함께 앞에 있
는 것보다 더 좋은 것들을 볼 수 있지 않을까 싶다.

낙타와 함께한
모래사막 산책

사막의 모래를 다 날려버릴 기세로 게르까지 흔드는 강한 바람이 불어대는 아침. 우린 모래바람을 뚫고 다음 숙소로 이동하기 위해 움직여야 했다. 폭설이 내리던 태풍이 불던 어떠한 천재지변 속에서도 꿋꿋하게 일하러 나가는 한국인의 강인함을 몽골에서도 제대로 보여주려 게르 문밖을 나서려는 순간 "쾅!" 소리와 함께 문이 자동으로 활짝 열렸다.

"그래, 이 정도의 바람 세기는 되어야 우리나라까지 갈 수 있는 거겠지."

황사의 발원지. 중국과 몽골의 사막지대. 여기서 시작되는 모래바람이 우리나라까지 이동하면 그것을 우리나라에선 황사라 부른다는 건데, 그 모래바람을 우리는 이 자리에서 가장 먼저 마주하는 중이었다. 안경을 썼음에도 기어코 눈에 들어온 모래 한 알을 인공눈물로 빼내는 사이 우린 유목민 게르에 도착했다.

투어 시작 후 매일 기본 5시간 이상을 달려온 우리에게 휴식을 주기라도 하듯 멈출 기색을 보이지 않는 바람으로 인해 우린 새로운 게르에 도착한 후 꼼짝달싹 못 하는 상태가 되었다. 문 틈새로 들어오는 바람이 조금 잦아든 틈을 타 밖으로 나가니 낙타들이 줄지어 걸어 들어오고 있는 모습이 보였다.

우리가 곧 타게 될 낙타들은 생각보다 큰 몸집과 듬성듬성 빠져있는 털 때문에 살짝 뒷걸음질 치게 만들었으나 날씨가 좋아져야 낙타트레킹을 진행할 수 있다는 말에 이왕 만난 거 함께 즐거운 시간을 보낼 수 있게 되길 바랐고, 다행히 오후가 되자 바람이 잠잠해졌다.

낙타와 산책할 준비에 들어간 우린 일단 옷을 어떻게 입어야 할지부터 고민해야 했는데, 데이트하러 가는 것도 아니건만 캐리어에서 옷을 하나씩 꺼내가며 비교하는 모습이란….

결국 모자가 바람에 날아가지 않도록 잡아줄 후드티와 추위와 싸워 이길 수 있을 것 같은 패딩을 입고 태양과 모래에 지지 않도록 선글라스에 마스크, 목장갑까지 풀착용을 하고 나서야 밖으로 나와 함께 산책할 낙타를 고를 수 있었다.

너무 큰 낙타는 떨어질까 무섭고, 봉이 너무 낮거나 휘어져 있는 낙타는 건강치 못한 거 같아 내 무게를 견딜 수 있을지 걱정되기에 고심 끝에 키가 조금 작으면서 봉이 꼿꼿하게 솟아있는 낙타를 선택했다. 낙타도 말처럼 왼쪽에서 오른쪽으로 발을 올려 타고 머리채 쥐어 잡듯 봉 위의 털을 꾹 잡으니 낙타가 앞으로 한 번 숙였다 관절을 펼치며 일어섰다. 낙타는 겁이 많은 동물이라 소리를 지르면 놀란다기에 나도 최대한

조용히 놀라는 사이 내 발은 땅에서 멀어져 있었고, 낙타를 처음 타본 소감은 그저 신기했다.

아주아주 옛날 내가 완전 미니미였던 시절, 아빠가 태워주던 목마 같은 느낌이었다. 아부지 목에서 떨어질까, 머리카락과 손을 꼭 잡으면서도 떨어뜨리지 않을 거란 믿음이 있었던 그때 그 느낌.

한 명 한 명 낙타에 모두 탑승하자 유목민 할머니는 낙타 코뚜레에 줄을 이어 네 마리가 한 줄로 움직일 수 있도록 만들었다. 그런데 이 줄이 은근 짧게 엮여있어 낙타의 얼굴이 사람의 다리와 가깝게 닿을 정도라 이걸 무서워하는 일행도 있었는데, 이 짧은 줄의 폐해는 여기서 끝난 게 아니었다.

우리 조가 먼저 출발해 앞서가고 있을 때, 뒤에서 누리의 비명소리가 들렸다.

"뭐야? 무슨 일이야?!"

"지은이 낙타가 누리 다리에 침 뱉었어~"

이렇게 말하며 웃는 일행들. 도대체 뭐가 그리 마음에 안 들었는지 출발하자마자 침을 뱉은 지은이의 낙타로 인해 가만히 있다 봉변당한 누리는 그런데도 계속해서 낙타가 침을 모으고 있어 불안하다고 했다. 어차피 다들 바지 버릴 건 각오하고 있었기에 마음을 비우고 가자며 계속해서 이동하는데, 이번엔 인표 형님의 낙타가 걸으면서 오줌을 싸기 시작했다.

"얘 왜 이래!!"

혹시나 바람 타고 뒤쪽에 있는 내 발에 소변이 튈까 봐 두 다리 높게 들고 있는데, 이번엔 승규의 외침이 뒤에서 들려왔다.

"누나 낙타 똥 싼다!"

이건 뭐…. 홍고르엘스의 바람과 함께 실려 오는 낙타의 배설물 냄새라니.

몽골에 오기 전 낙타는 냄새가 많이 나 낙타트레킹이 끝나면 바지에 냄새가 배기 때문에 옷을 버려야 한다는 말이 많았는데, 우리와 함께한 낙타들은 특유의 낙타 냄새보다는 걸으면서 본인들의 배설물 냄새를 종

종 뿌리는 게 다였다.

낙타는 말처럼 신나게 달리지 않고 천천히 걷기 때문에, 산책하듯 주변 풍경을 둘러보는 정도라 말을 탈 때와는 느낌이 많이 달랐다. 낙타봉 사이에 앉아 앞 봉의 털을 잡고 뒤 봉에 기대어있으니 세상 아늑해 산책 중 졸리기까지 할 정도였다. 물론 낙타가 뛰면 장난 아니라는 얘기가 있긴 하던데, 낙타트레킹은 다 줄로 이어 데려가므로 낙타가 뛰는 걸 볼 일은 정말 드물지 않을까 싶다.

홍고르엘스 가까이에 다가갈수록 평평한 모래 위로 뭔가가 보이기 시작했다. 자세히 들여다보니 그건 모래 조각상 같아 보였다. 도마뱀 같기도 하고 악어 같기도 한 것이 엄청 섬세하게 무늬까지 새겨져 있던데, 모래로 만든 거라면 바람에 의해 흐트러질 법도 하건만, 무너지지도 않고 단단하게 만들어진 걸 보면 장인의 솜씨인 듯했다.

멀리서도 눈에 띌 정도라 낙타에서 내려준다면 더 가까이 다가가 구경해 보고 싶었지만, 유목민 할머니는 적당한 거리를 유지한 채 계속해서 걸어갔다. 그 이유가 조각상을 보호하기 위한 건지 간간이 사막 사이로 보이는 동물들을 보호하기 위한 건지, 그것도 아니라면 그 모든 것들로부터 우리를 보호하기 위한 건지 알 수 없었다. 조금 더 이동하니 이번엔 사막 아래로 언뜻 물이 보이기 시작했는데, 전날 홍고르엘스에 오를 때 호수라기엔 작고 물웅덩이라기엔 조금 큰 듯 보이던 곳이 이곳이었는지 정확히 알 수는 없었으나 날씨가 화창했더라면 이 모든 게 더 선명하고 멋있게 보이지 않았을까 하는 아쉬움이 살짝 남기는 했다.

예정되어있던 코스를 다 돌았는지 다시 숙소 가는 길. 계속되는 같은 풍경에 조금 지루해진다 느껴질 즈음 이번엔 뒤에서 경훈이의 비명소리가 들려왔다. 이번엔 경훈이에게 무슨 일이 생긴 건가 했는데, 변을 당한 건 경훈이가 아니라 승규의 낙타인 듯했다.

걸어가며 큰일을 보고 있던 승규의 낙타 똥꼬로 경훈이의 신발이 들어갔다고 했으니.

이건 완전 대참사였는데, 경악하는 경훈이에게 승규가 건넨 한마디.

"실례합니다 했어? 실례합니다 해야지~"

네이버 웹툰 「한 살이라도 어릴 때」라는 몽골 여행기를 보면 작가 낢이 낙타트레킹 하는 부분에서 낙타가 똥 싸는 장면을 그린 그림이 있다. 실제로 그런지 내 바로 앞 낙타를 관찰하려 했으나 역시 그건 좀 그래서 자세히 보지 않았는데, 경훈이의 발이 낙타 똥꼬에 들어갔다 하니 왠지 그 웹툰이 생각났다. 낙타의 똥꼬가 지잉 하며 열리고, 그 안에 있던 똥 덩어리들이 후두두 두둑 떨어진다고 표현했던 딱 그 부분이.

봉변을 당한 게 경훈이인지 승규의 낙타인지 결국 그 누구도 사과를 받지 못한 채 게르로 복귀하던 중 갑자기 우리 조 낙타들이 펄쩍 뛰기 시작했다. 앞 낙타가 놀라니 뒤에 있던 낙타들도 연이어 놀라 열이 틀어진 건데, 이 모습을 본 다른 일행들은 우리가 낙타에서 떨어지는 줄 알았다고 한다. 정작 타고 있던 난 '응? 뭐지?' 하고 끝날 정도로 유목민 할머니가 아주 노련하게 낙타를 안정시켜 잠깐 우왕좌왕한 거라고 생각했으나, 옆에서 보던 이들은 그게 아니었나 보다.

얘기 들어보니 맨 앞에 있던 낙타가 어디에 걸려 스텝이 꼬였다는 것 같은데, 잔잔한 듯하지만 생각지 못했던 의외의 사건 사고가 많이 발생될 수 있는 게 낙타트레킹인 것 같아 땅에 두 발을 딛는 순간까지 절대로 긴장을 늦춰선 안 될 것 같았다.

유목민 게르와
아기 염소

고비사막에서 다음날 체력까지 다 끌어다 썼는지, 크게 뭘 하지 않았는데도 체력이 바닥났다.

우리는 각자 충전 후 다시 만나기로 하고 게르로 들어갔으나, 쉬었다 다시 나가려고 보니 게르 문이 열리질 않았다. 처음부터 문이 잘 닫히지 않아 나갈 때 문이 바람에 열리지 않도록 돌을 살짝 대어두기로 했는데, 잠시 화장실 간다던 누리와 민정이가 문밖에 돌을 바짝 대놓고 가 안에서 문을 열 수가 없었던 거였다.

분명 옆 게르에 묵고 있는 일행들의 말소리는 희미하게 들리는데 불러봐도 대답은 없고, 지나가는 이는 당연히 한 명도 없어 메신저를 날려볼까 했으나 인터넷이 터지질 않았다. 그나마 나와 같이 갇힌 지은이는 인터넷이 된다길래 카톡을 보내보기로 했는데, 몽골은 이상하게도 지은이의 기지국이 따로 있는 건지 지은이의 폰만 터져 카톡을 보내도 몽골에 있는 다른 일행들은 그 연락을 받을 수 없다는 게 문제였다.

무인도에 갇혀 SOS 메시지를 유리병에 담아 바다에 띄운 그 누군가처럼 나도 SOS를 외쳤으나, 아무도 보고 듣는 이가 없어 좌절했다. 결국 포기하고 침대로 돌아와 열리지 않는 문을 뚫을 기세로 쳐다보다 '아, 이렇게 갇히면 죽을 수도 있으려나…'라는 어이없는 상상과 내 몸뚱이가 종잇장만 하지 못하다는 사실에 슬퍼하고 있을 즈음, 내 귀로 옆 게르 문 열리는 소리가 들려왔다. 다시 문짝에 붙어 밖으로 나온 이를 확인하니 인표 형님이었다.

"형님, 살려주세요! 문이 안 열려요."

잠시 담배 피우러 나왔다가 문틈 사이로 얼굴을 디밀고 말하는 나를 보고 '뭐지?' 하는 눈빛으로 다가와 돌을 치워주신 형님 덕분에 탈출에 성공한 나와 지은이는 드디어 답답한 게르에서 벗어나 다른 일행들과 합류할 수 있었다.

이후 볼일 보고 돌아온 누리와 민정이뿐 아니라 우리의 외침이 전혀 들리지 않았다 말하는 일행들에게도 게르에 갇힌 심정과 애타게 불러도 대답 없을 때의 기분을 말해주며 보드카 한 잔에 서운함을 털어냈다. 애미 애비도 못 알아본다는 낮술을 보드카로 달리니 금세 또 피곤해져 한 번 더 충전을 위해 해산하기로 했다. 이동이 없으니 주어진 시간이 많아져서였을까. 할 건 없지만 그렇다고 잠만 자기엔 시간이 아깝게 느껴져 화장실을 다녀온 후 책을 읽든 아기 염소랑 놀든 해야겠단 생각으로 화장실을 찾아 나섰다. 몽골에서 화장실 찾기는 사실 쉽다면 쉽고 어렵다면 어려운데, 일단 주변을 쭉 스캔해본 후 언덕이 보이면 그곳으로 가면

그 해, 몽골

된다. 바로 그 언덕 너머가 나의 화장실이 되어줄 테니까.

먼저 다녀온 일행들의 이야기를 들어보니 우리 숙소가 있는 곳이 평지라 낮은 언덕을 기본 3개는 넘어가야 한다기에 한 방향을 찍고 그곳으로 하염없이 걸어갔다. 그리고 우리의 게르가 작아져 밖에 있는 사람들이 잘 보이지 않는다고 판단될 즈음, 내가 앉으면 가려지겠다 싶은 곳에서 볼일을 봤다. 이젠 익숙해질 대로 익숙해졌기에 그런 건 문제가 되지 않았지만, 본인이 안 보이면 남들도 안 보인다 생각하고 쫓길 때 땅에 머리를 처박는 꿩이 된 기분이 드는 건 어쩔 수 없었다.

해 질 녘이 되자 집으로 돌아온 어미 염소들은 새끼들이 모여있던 우리의 문이 열리자 울음소리로 새끼를 찾아다니기 시작했는데, 쉽사리 가족을 찾는 염소들이 있는 반면 한참을 울고 다니는데도 어미를 찾지 못하는 아이들도 있었다.

염소들은 자기 새끼가 아니면 젖을 주지 않는 것은 물론이고 심한 경우 뒷발로 차버린다는 충격적인 이야기를 듣고 제 어미인지 아닌지도 모른 채 큰 염소의 뒤를 따르며 울어대는 아기 염소들의 안위가 걱정되었으나, 때를 놓치지 않고 큰 염소를 잡아 열심히 젖을 짜는 유목민 할머니를 보자 염소들도 그리 야멸차지만은 않을 것 같다는 생각이 들었다.

염소 가족 상봉에 눈가가 촉촉해질 무렵 슬금슬금 내 앞으로 다가온 아기 염소 한 마리!

내가 움직이는 쪽으로 졸졸 따라오기에 눈높이를 맞춰 앉으니 나에게 다가와 폭 안겼다.

"그대, 날 아는가?"

특이하게 얘는 다른 염소들과 다르게 털 색이 애쉬그레이였는데, 내려놓으면 다시 다가와 안기는 것이 사랑스러워 떼어놓을 수 없었다. 이렇게 애교를 부리는데 내가 어찌 거부할 수 있겠냐며 이 아이에게만은 무장해제 되어버렸다. 하지만 내가 해줄 수 있는 건 그저 애정을 쏟아주는 것뿐 그 이상도 이하도 아니었기에, 어미를 찾지 못한 이 아이가 어미를 찾을 수 있도록 도와주고 싶었는데, 끝내 그 아이와 같은 색의 털을 가진 어미는 찾을 수 없었다. 괜히 나랑 있어서 더 어미를 못 찾는 건가 싶어 놔줘도 내 주변만 서성이기에 아예 시야에서 사라졌다 다시 나오는 방법을 선택했다.

내가 사라지자 제 가족을 만난 건지 아니면 다른 가족들을 만든 건지 덩치 큰 염소 두 마리 틈에 자리를 잡았기에 안심하고 들어갈 수 있게 되었지만, 어미가 돌아오면 어미 찾아간다는 말처럼 다음 날 아침 나를 발견하고 강아지마냥 다가와 또다시 안기는 애쉬그레이의 모습을 보니 발걸음이 쉬이 떨어지지 않았다.

"건강하게 잘 지내~"

"잡아먹힐 것 같으면 꼭 도망가야 해!"

나는 한참을 쓰다듬으며 말하고 돌아섰는데, 졸졸 따라오며 끝까지 배웅해주는 모습이 나의 마음을 더 아리게 했다.

지구 최초 공룡알 발견지
비양작

양고기와 갖은 야채를 넣고 납작하게 튀긴 몽골의 전통 만두 호쇼르를 먹고 느끼함이 채 가시기도 전에 도착한 곳은 비양작이었다.

투어 첫날 갔던 차강소브라가와 비슷한 느낌이 드는 이곳에 도착해 바닥과 돌의 색을 보는 순간, 왜 이곳이 '불타는 절벽'이라 불리는지 알 것 같았다. 이게 가능한가 싶을 정도로 붉은빛을 띠는 곳, 그곳이 바로 비양작이었다.

차강소브라가와 달리 이곳은 건너가는 길부터 길이 맞나 싶을 정도로 아찔하게 좁아 혹시나 발을 헛디뎌 떨어질까 조심하며 걸어야 했는데, 땅을 보며 천천히 걷다 보니 붉은 땅 사이사이 푸른 풀떼기가 눈에 띄었다. 근데 이게 워낙 많아 바츠카에게 이름을 물어보니 '작'이라고 했다.

비양작은 '불타는 절벽'이라 불리지만, 그 이름의 유래는 그냥 작이라는 식물이 많이 분포되어 있다 해서 붙여진 거라기에 가시가 많은 작에 찔리지 않도록 조심하며 높고 낮은 절벽이 무수히 많은 비양작의 풍경을 감상하고 있으려니, 바츠카는 이곳이 최초로 공룡알이 나온 역사적인 곳이라는 사실을 알려주었다. 정말 여기서 공룡이 살 수 있었을까 하는 의문이 생기다가도 워낙 땅이 넓으니 충분히 가능했을 것 같기도 했다.

그렇게 생각하니 갑자기 이곳에서 프테라노돈이 날아다니고 티라노

사우루스가 뛰어다니고 브라키오사우르스가 튀어나올 것 같았는데, 돌아와서 몽골에 살던 공룡 종류를 검색해보니 비양작 일대에서 100여 개 이상 발견된 공룡화석이 하드로사우루스, 안킬로사우르스, 네메그토사우르스 등이었다고 소개된 기사가 있었다. 고비사막에서도 꽤 많은 화석이 발견되었다는 기사와 함께.

비양작에서 시간이 많았다면, 또 내 체력이 아주 좋았다면 구석구석 돌아다니며 구경했을 텐데, 여긴 땅 전체가 자연유산이자 관광지이다 보니 사방 천지를 뛰어다녀도 비양작의 다양한 면모를 다 보지 못할 것 같아 일정부분까지만 걸어갔다가 돌아오는 방식으로 구경을 마쳤으나, 한편으론 굳이 먼 길 가지 않고 뷰가 좋다고 생각되는 곳에 앉아 멍하니 자연 속에 녹아드는 여행을 했어도 괜찮았을 것 같다는 생각이 들었다.

공룡화석과 함께한
여행자 게르

비양작 플리마켓에서 흥정을 거듭해 구매한 관절 꺾이는 낙타인형 한 마리씩 어깨에 짊어진 채 도착한 여행자 게르는 새로 지었는지 문짝부터 천장까지 고급진 데다 내부 공간도 넓어 삐까뻔쩍하다는 느낌이 확 드는 곳이었다. 화장실도 세면대가 3개에 샤워실에 샤워기도 2개씩 있고 물 내리는 좌변기 3개가 칸칸이 나누어져 있어 이 정도면 몽골에서 5성급 숙소로 인정해줘도 되겠다 싶을 정도였다. 물론 밤에 화장실을 방문하면 손전등을 켜는 순간 나방이 마구마구 달려들어 4성급으로 별 하나를 깎아야 하나 심히 고민될 정도였으나, 몽골에서 4성급과 5성급은 어쨌든 좋은 축이기에 이 정도면 큰 불만 없이 갈만한 숙소라고 결론지었다.

일행들이 순서대로 씻는 동안 난 별것 없는 게르 주변 탐방에 나섰는데, 나름 이 여행자 게르 주변에는 볼거리가 조금 있는 편이었다. 예를

들면 도마뱀 머리모양을 한 건물이라거나 거북이와 코끼리 모양을 한 건물 같은 것. 이걸 동물 친화적 건물이라 해야 할는지는 잘 모르겠지만, 거북이 등딱지와 코끼리 등이 지붕이 되고 다리가 기둥으로 되어있어 몽골 사람들의 예술 감각에 감탄할 수밖에 없었다. 거의 뭐 작가의 혼이 담긴 예술작품이나 다름없었으니. 그렇게 게르 주변의 집주인 건물들을 구경하면서 옆으로 옆으로 걸어가다 게르와 초원 사이로 돌 같은 게 주변을 메우고 있는 걸 발견했는데, 이건 여기까지가 내 땅이라고 알려주는 표식이라고 했다. 보통 우리 같으면 울타리를 지어 확실하게 표시해야 한다고 생각할 테지만, 이곳에선 그냥 이 정도만으로도 상관없다고 느끼는 듯했고 이걸 악용해 밤새 땅따먹기처럼 영역을 더 넓혀 옆 땅을 조금 훔쳐 올 수도 있겠다는 생각은 하지 않는 것 같았다.

어떤 기준으로 딱 이만큼만 자신의 땅이라 할 수 있는 건지, 여기도 토지 계약서를 쓰고 집을 짓는 건지 너무 궁금했으나 이런 궁금증을 풀어주는 이는 없었다. 대신 다른 궁금증을 풀어주겠다는 듯 게르 짓는 모습을 보여준 주인아저씨 덕분에 게르가 쉽게 조립되고 분해된다는 사실을 직접 보고 알 수 있었다. 물론 내가 무슨 건축 감리사도 아니고 그 옆에서 계속 지켜보고 있을 수는 없는 노릇이라, 처음엔 안에 침대를 넣고 주변에 뼈대를 만들어놓은 모습까지만 보고 밥을 먹으러 들어갔는데, 다 먹고 나오니 그 자리에 이미 천막까지 쳐진 게르 한 채가 완성되어 있었다. 우리나라에서 몇 시간 만에 집 한 채를 짓는다면 그건 부실공사가 아니냐며 떠들겠지만, 몽골에서는 유목생활에 적합하게 언제든 쉬이 움직일 수 있도록 만든다는 걸 직접 볼 수 있었던 특별한 시간이었다.

소화도 시킬 겸 가볍게 주변 언덕 산책을 마치고 게르로 돌아와 앞마당에 의자를 꺼내놓고 책을 읽고 있을 때, 갑자기 주변으로 작고 까무잡잡한 생명체들이 날아들었다. 그 생명체들의 정체는 다름 아닌 모기였는데, 이 겨울에 모기가 있다는 사실에 놀라움 반, '저걸 어떻게 잡아야 하나' 하는 걱정 반을 하고 있을 때 주인 할머니가 우리에게 다가와 건네주신 건 불붙은 똥이었다. 설마 했는데, 진짜 똥을 주다니….

몽골에서 바닥에 싸놓은 똥은 많이 봤지만 그걸 담아 불 질러 주는 건 처음 봤는데, 몽골에서는 말린 똥을 태워 연료로 쓰거나 벌레를 쫓을 때 사용한다고 들은 바가 있어 그걸 받으며 질색팔색하지는 않았다. 이게 말똥인지 낙타똥인지는 잘 모르겠지만, 여기에 불을 피워 연기를 내면 모기가 오지 않는다며 우릴 위해 주신 거니 감사히 받고 게르 문 앞에 뒀는데, 효과가 어찌나 좋은지 불타는 똥에서 나는 연기는 벌레뿐 아니라 사람도 쫓아낼 기세였다. 결국 연기를 몸에 한껏 묻힌 채 나의 독서 시간은 시작한 지 몇 분 되지 않아 끝나버렸다.

이후 나는 방해받은 시간을 보상받기라도 해야겠다는 듯 밖으로 나가 걷기 시작했다. 일행들과 함께하는 여행이지만, 따로 또 같이 있는 시간은 누구에게나 충분히 필요하다 생각하는 사람으로서 어두워지기 전 게르의 경계선 너머로 걷기 시작했는데, 홀로 조용히 걷다 보니 마음이 편안해졌다. 앉을 곳이 있었다면 더 좋았겠지만, 아직 똥밭에 앉을 용기가 부족했던 난 한참을 걸으며 심상치 않은 구름의 움직임만 감상하다 게르로 돌아왔고, 결국 구름 속에 갇혀버린 별들은 볼 수 없었다.

하지만 다음날 더 귀한 걸 보게 되었으니 그건 말로만 듣던 공룡화석이었다. 화석을 봤냐는 바츠카의 물음에 여기에 그런 게 있었냐고 반문하니 그녀는 나를 허름한, 정말 곧 무너진다 해도 전혀 이상하지 않을 것 같은 공간으로 안내했다. 그 안에는 공룡 모형이 세워져 있었는데 그게 아니라며 그녀는 나를 더 안쪽으로 데려갔고, 문 하나를 더 여니 정말 공룡화석으로 보이는 것이 벽돌 위에 깔려있었다.

"이거 진짜 화석이에요?"

"공룡화석 맞아요."

바츠카의 대답에 이 중한 걸 그냥 창고에 둬도 되는 건가 싶어 혼란스러워하고 있는데, 옆 팀 가이드와 함께 온 사람들은 화석을 들고 사진까지 찍고 있었다.

"저렇게 만져도 되는 거예요?"

"만져봐도 돼요~"

너무 놀라 속삭이며 묻는 내게 바츠카는 화석을 하나 쥐여주었다.

'학교에서 이런 거 막 맨손으로 만지면 안 된다고 배웠는데….'

'이런 건 훼손되지 않게 유리관에 보관해야 되는 걸 텐데….'

혹시나 부러질까 조심스레 엄지와 검지로만 잡아봤는데, 딱딱해 쉬이 부러질 것 같지는 않아 보였다. 사실 내가 살면서 화석을 볼 일이, 더욱 이 만져볼 일이 얼마나 있겠으며, 고고학자도 아닌데 그 진위 여부를 어찌 판단할 수 있을까? 그냥 가이드가 그렇다니 그런 줄 알고 가는 거지.

그래서 난 몽골 가서 화석을 "보고 왔다", 아니 "만져보고 왔다"라고 말하긴 하는데, 나중에 한 기사를 보니 당시 몽골에서는 흔하게 발견되던 게 공룡알과 화석이라 아무나 주워가서 소유해도 큰 문제로 삼지는 않았던 모양이다. 그래서 개인 소유의 공룡화석도 꽤 되는 것 같았는데, 이 여행자 게르의 주인아저씨도 같은 방식으로 화석을 갖게 되신 게 아닐까 싶었다.

　이곳엔 공룡화석 말고도 다른 화석이 또 있다는 말에 바츠카를 따라 코끼리 집 뒤로 가보니 거기엔 나무 사이에 돌이 박혀있는 나무화석이 있었다. 우린 그게 화석인 줄도 모르고 전날 깔고 앉아 쉬기도 하고 거기서 놀기도 했는데….

　세심하게 보지 않으면 모를 수밖에 없는 거긴 하지만, 너무 그냥 방치된 것처럼 보여 바츠카가 알려주지 않았다면 여기에 공룡화석이 있다는 것뿐 아니라 나무화석이 있다는 것도 모르고 돌아갈 뻔했다. 알고 보는 것과 모르고 보는 것은 확실히 다르기에 하나라도 더 보고 배우려면 역시 잘 아는 사람 옆에 붙어있어야 한다는 말을 실감하게 되는 순간이었다.

간절함이 하늘과 맞닿는 곳
바가가즈린촐로

오락가락하는 날씨 속에서 장장 7시간을 달려 힘들게 도착한 바가가 즈린촐로.

이곳은 작은 바위들로 이루어져 있는 지형으로 기본적으로 1,500미터 이상의 고산지대라던데, 그래서인지 올라가는 내내 숨이 차고 힘이 들었다.

스님들이 박해를 피해 숨었던 동굴이 있고, 사원의 터도 아직 남아있는 곳이라 그런가 초입부터 조금 신성스러운 느낌이었다. 허물어진 벽을 지나 조금 경사진 바위들을 밟고 올라가자 중간중간 세워진 소원돌탑들이 보였는데, 여긴 아직도 많은 이들이 와서 소원을 비는, 누군가의 간절함이 담긴 곳인 듯했다. 사실 경사가 가파르긴 하지만 생각보다 많이 언덕지다는 느낌은 아니었기에 천천히 걸어 올라가니 어느새 정상같은 곳에 다다를 수 있었다. 이곳에 펼쳐진 풍경을 바라보며 이런 곳에 숨어든다면 정말 아무도 찾지 못할 것 같다는 생각이 들 정도로 조용한 곳이었다.

정말 어떤 힘이 있기라도 하다는 듯 바닥에 누워 기를 받고 있는 사람도 있었는데, 그 사람보다 더 신기한 건 훼손이 전혀 안 된 상태로 자연이 계속 유지되고 있다는 사실이었다. 날것 그대로라 나조차도 여긴 함부로 손댈 수 없을 것 같단 느낌을 받았으니. 다들 그래서 감히 어찌할 엄두조차 내지 못하는 것 같기도 했다.

우리가 때를 잘 맞춰갔는지 구름이 낮게 깔려 하늘과 맞닿는 것처럼 보이는 곳까지 가서 사진을 다 찍고 나니 관광객들이 올라오기 시작했다. 우린 재빨리 장소를 옮기기 위해 좁은 바위틈에 끼이지 않도록 조심히 내려왔다. 올라갈 때는 하염없이 멀어 보이던 길이 내려올 땐 또 금

방이라 우리가 단시간만에 지름길을 찾은 건가 하는 생각도 들었으나, 그 정도로 똑똑한 사람은 없었기에 그냥 기분 탓이었던 걸로 넘기고 이 번엔 신성한 샘물을 찾아 이동했다.

바가가즈린촐로에서 차로 5분 정도 떨어진 곳에 있다는 샘물엔 시력 이 좋아지는 물이라는 동화에나 나올 법한 이야기가 전해지는 듯했는 데, 'SPRING WATER FOR EYES'라 적힌 파란 표지판이 위치를 알려 주고 있었다. 시네를 따라 돌산 같은 곳의 중간 정도 되는 곳까지 오르 니, 히르기수르와 함께 작은 구멍이 하나 나 있는 곳을 발견했다. 샘물 이라기에 연못 같은 게 있을 것으로 예상했으나, 이곳엔 돌에 수도관을 연결하다 만 것 같은 작은 구멍 하나와 머리 꺾인 숟가락이 달린 막대기 가 전부였다. 그 구멍에 숟가락을 넣어 뜬 물로 눈을 씻으면 시력이 좋

아진다는 말에 새 눈이 갖고 싶어진 이들은 그 물을 받아들고자 일렬로 줄을 서기 시작했다.

나 또한 눈이 나빠 도전해 보려 했으나 물과 함께 떠오른 검은 이물질을 보자 오히려 시력을 잃을 것 같은 불안감에 차마 눈에 넣지 못하겠기에, 그냥 지금처럼 보이는 만큼만 보며 살기로 했다.

시간이 지나 그 물로 눈을 씻었던 이들을 만나보니 그들 중 대부분은 효능을 보지 못한 듯했고, 의술의 힘으로 시력이 좋아진 이들만 있었다. 이제 와 다시 생각해보니 몽골인들은 평균 시력이 3.0이고 최고 시력이 6.0까지 나오는 사람도 있다던데, 그런 그들이 굳이 저 샘물까지 찾아갈 필요가 있을까?

시력이 좋아진다는 샘물은 그냥 관광객용이 아닌가 싶다.

투어의 마지막
별이 빛나는 밤

　마치 먹구름 속으로 빨려 들어가듯 앞으로 쭉 이어진 길을 따라 달리다 보니 드디어 투어 마지막 숙소가 나타났다. 급격히 흐려지는 날씨에 언제 비가 내릴지 몰라 일단 배정받은 게르로 들어가 짐부터 정리했는데, 여긴 특이하게 게르 안에 장롱이 있었다. 거기에 병원 침대와 머리맡 늑대 그림과 초상화는 분위기를 묘하게 만들었다.

　바람 불고 비가 쏟아지더라도 안보다는 밖이 덜 무서울 것 같아 게르에서 나와 염소들이 모여있는 곳으로 움직였는데, 여기 주인이 엄청난 부자이신지 앞마당에서 풀을 뜯고 노는 염소들의 수가 셀 수 없을 정도로 많았다. 동물들은 직감적으로 위험을 감지한다고 하던데 진짜 그런 모양인지 열심히 풀을 뜯던 아이들이 갑자기 움직이기 시작했다. 태풍이라도 불어닥칠 것 같은 하늘과 바람의 상태가 우릴 다시 여행의 시작점에 데려다줄 수도 있을 것 같았다. 하지만 현실에서 그런 일이 일어날

확률은 0%였기에 그냥 적당히 구경하다 게르로 돌아가기로 했다. 헌데, 염소를 향해 걸어갈 때는 몰랐으나 돌아오면서 보니 바닥에 똥과 동물의 턱뼈가 널브러져 있어 다시 등골을 오싹하게 만들었다.

게르로 돌아오는 길, 안에서 분주하게 움직이는 사람들의 모습이 포착되었다. 무엇을 하나 싶어 빼꼼히 안을 들여다보니 게르 주인아주머니부터 가이드, 기사님 할 것 없이 모두 모여 몽골의 전통음식인 허르헉

107

만들 준비를 하고 계셨다. 허르헉은 몽골에서도 정말 귀한 손님이 왔을 때 대접하는 음식으로 그 과정을 직접 보는 게 쉽지 않을 거라 생각했는데, 처음부터 볼 수 있게 되니 그저 신기할 뿐이었다.

솥에 물을 넣고 기본 2~3시간 화로에 달군 돌을 하나씩 솥에 옮기는 작업부터 재료들을 한 번에 넣지 않고 양고기와 야채를 조금씩 넣으면서 중간중간 뚜껑을 덮어 익히는 과정이 반복되다 보니 손이 많이 가 혼자 만들 수 있는 음식이 아니라 여러 명의 정성이 들어가기에 우릴 위해 이렇게 귀한 음식을 만들어주는 몽골 사람들에게 감사한 마음이 들었다. 하지만 양념이라곤 소금 들어가는 게 전부였던지라 맛이 좋을지에 대한 의문이 들 수밖에 없었는데, 냄비에 한가득 담겨온 허르헉을 마주하고 입에 넣는 순간 누린내가 잡히고 질긴 식감도 없으며 간까지 맞다는 사실에 놀랄 수밖에 없었다. 지방이 있는 부분은 잘못 먹으면 아예 양고기에 대한 거부감이 생길 수 있어 다들 잘 걸러 먹어야 했지만, 그 누구도 불만을 얘기하는 이는 없었다.

몽골 음식이 입에 맞지 않아 늘 컵라면과 맥주로 배를 채우던 인표 형님과 병모도 곧잘 먹는 것 같았는데, 허르헉이 담겨나온 냄비가 깨끗이

비워진 모습에 우리보다 더 기뻐한 건 시네였다.

그렇게 배를 채우고 나니 별을 보고 싶은 마음이 간절해졌다.

하루 종일 드리운 구름 때문에 별을 못 볼 가능성이 컸으나 투어 마지막 날인 만큼 별을 꼭 보고 싶다는 마음에 깊은 밤 게르 밖으로 나갔다. 그러자 마지막 밤을 같이 아쉬워하기라도 하듯 몽골의 밤하늘은 헤아릴 수 없이 많은 별들을 우리에게 보여주었다. 누군가는 의자를, 또 누군가는 침낭을 가지고 나와 본인들이 원하는 자리에서 반짝이는 별과 은하수를 보며 다시 오지 않을 이 순간을, 좋았던 기억으로 남겨질 이 시간이 후회되지 않을 만큼 눈에 담고 마음에 새기며 여행의 마지막을 각자의 방식으로 마무리했다.

그 해, 몽골

한국을 닮은 울란바토르
서울의 거리

　투어 마지막 날이 몽골의 어린이날이라기에 차 막힐 것을 우려해 빠르게 움직인 덕에 4시간 반 만에 울란바토르에 도착했으나 시내로 들어서자 역시나 어린이날 행사로 인한 교통체증이 말이 아니라 우린 중간에 짐을 내려 숙소까지 걸어가야 했다. 투어가 종료됨과 동시에 모든 일을 기사님과 가이드 없이 우리가 알아서 해결해야 했기에 일단 '서울의 거리'로 나가 커피 한 잔의 여유를 가진 후 천천히 움직여 보기로 했는데, 그나마 다행인 건 숙소와 서울의 거리, 그리고 국영백화점이 멀리 있지 않아 우리가 부담 없이 움직일 수 있다는 사실이었다.

　투어 중엔 어딜 가든 사람보다 동물이 많았는데, 수도로 오니 사뭇 달라진 분위기가 낯설었으나 돌아다니다 보니 사람들로 북적이는 거리도 금세 적응되었다. 돌아온 지 몇 시간이나 지났다고 벌써 대자연이 그리워지기는 했으나, 그보다 더 그리운 건 삼겹살과 소주였기에 우린 한식

당을 찾았고, 이곳의 메뉴판을 보고는 깜짝 놀랄 수밖에 없었다.

"삼겹살이 2인분에 14,000원밖에 안 하네?"

저렴한 가격에 퀄리티는 기대하지 말아야 할 것 같았으나 그건 어쩔 수 없는 거니 일단 양껏 먹기나 하자며 여기에 김치찌개와 떡볶이도 추가했는데, 의외로 같이 나온 밑반찬을 비롯한 음식들 맛이 수준급이라 여행 내내 양고기와 햄으로 인해 입맛을 잃었던 이들의 식욕까지 돌아오게 만들었다.

해외에서도 삼겹살에 소주 공식은 따라줘야 한다며 주류를 주문하려 했는데, 몽골은 매월 1일 술을 팔지 않는 날로 지정되어있어 주문이 불가능하다고 했다. 그게 말이 되는 소리인가 싶어 되물어보니 실제로 몽골의 법 대자사크에는 '술을 끊을 수 없다면 한 달에 세 번만 마시라'는 조항이 있다는 말을 듣고 그 정도라면 이해할 순 없어도 인정해줘야겠다는 생각이 들었다. 심지어 그 조항을 어기면 처벌한다던데, 이건 내부 고발자 아니면 신고할 사람이 없지 않을까 싶으면서도 몽골에서 국민 건강과 가족 화합을 위해 한 달에 딱 하루만 술을 팔지 않는다는 거니 어쩔 수 없이 우리도 따라야 할 것 같았다. 정 못 참겠다면 술을 미리 사 놓거나 1일을 피해 가면 될 일이니.

술값이 들지 않아 삼겹살 8인분에 김치찌개랑 떡볶이까지 다 먹고 결제한 금액은 7만 원. 몽골의 물가 덕분에 정말 저렴하게 먹긴 했는데 혼자 내기엔 부담될 수 있는 금액이라 더치페이를 하려 했으나, 투어가 끝나고 난 후 쓰는 비용은 일행들끼리 재미를 겸한 복불복 카드 뽑기로 진행했기에 누군가는 속으로 울고 누군가는 웃게 될지라도 흔쾌히 카드를 긁어준 이들로 인해 모두가 즐거울 수 있었다.

몽골이 한국을 닮아가는 건지 한 곳만 서울처럼 꾸며 놓은 건지 울란바토르의 거리에서 쉽게 찾아볼 수 있던 한국의 흔적들. 우린 그곳에서 여행객인 듯 여행객 아닌 모습으로 함께 물들어가고 있었다.

칭기즈칸공항에서
인천공항2터미널로

새벽에 먼저 한국으로 떠난 누리와 민정이를 배웅하고 잠이 들었던 이들 모두 졸린 눈을 비비며 마지막 날을 즐기기 위해 밖으로 나와 향한 곳은 수흐바타르 광장 너머에 위치한 샤브샤브 집이었다.

몽골에 온 이래 가장 늦게까지 자다 일어나 컨디션이 좋을 법도 하건만 벌써 여독이 시작된 건지 다들 조금씩 골골거리고 있었는데, 확실히 고급스러운 식당에 들어와 대낮부터 소고기 샤브샤브에 맥주 한 잔을 들이켜니 컨디션이 올라오는 듯했다. 계속된 소고기 리필과 맥주에 이은 소주 한 잔에 기분이 좋아져 역시 우리나라 술만큼 좋은 술이 없다며 칭찬을 아끼지 않았는데, 여섯 명이 배부르게 먹고 술까지 마셨음에도 불구하고 최종 결제 금액이 10만 원도 안 된다는 사실은 거의 축복과 다름없었다.

배를 채우고 나니 주변도 눈에 들어오기에 수흐바타르 광장으로 다시

향한 우리. 수흐바타르 광장은 2013년부터 칭기즈칸 광장이라는 이름
으로 바뀌어 불리고 있는 곳으로 처음엔 두 인물이 동일 인물인가 했는
데, 그게 아니라 수흐바타르는 몽골의 독립을 이뤄낸 혁명가라고 했다.
왜 그를 밀어내고 칭기즈칸 광장이 된 것인지는 잘 모르겠지만, 여기도
국영백화점과 마찬가지로 이전 이름을 더 많이 사용해 몽골인들은 수흐
바타르 광장이라고 부르고 외국인들은 칭기즈칸 광장이라고 부른다고.
광장 앞엔 칭기즈칸 동상이 있어 그 앞에서 사진 한 장 찍어주고 햇볕을
피해 국영백화점으로 향한 후 기념품을 구입하기 시작했다.

　1일이 지났으니 술도 살 수 있게 되어 보드카까지 구입해 바리바리 들
고 숙소로 돌아오니 이번엔 캐리어에 다 넣어갈 수 있을 것인가가 모두

의 관심사가 되었고, 단체로 '의지의 한국인', '정리의 달인'이 되어 캐리어 닫기를 성공시켰다.

그렇게 다시 한국으로 돌아갈 준비를 마치자 우리를 공항에 데려다줄 픽업 기사님이 오셨고, 우린 그 차를 타고 칭기즈칸공항으로 향했다. 공항으로 가는 길, 다들 창밖만 바라볼 뿐 말이 없었는데, 이제 각자의 일상으로 돌아가야 한다는 생각에 만감이 교차했기 때문 아니었을까?

한국으로 돌아가는 항공편은 23시 15분 비행기로 날씨도 나쁘지 않아 지연 없이 바로 출발할 수 있었고, 우린 그렇게 몽골과 진짜 마지막 인사를 했다.

하늘 위에서 창밖을 내려다보며 인위적으로 만든 무수한 빛도 아름답

지만, 그게 아무리 아름답다고 한들 자연 그대로의 빛을 보여주는 몽골 밤하늘에 비할 수는 없을 것 같았다. 앞으로 내가 보는 밤하늘은 몽골의 밤하늘과 계속해서 비교될 것이기에 몽골에서 봤던 일주일간의 하늘을 한국에선 절대 볼 수 없을 거라는 사실이 그저 아쉬웠는데, 그것도 잠시. 밥이 나오자 아쉬움은 뒷전으로 밀려버렸다. 나는 이렇게 몽골에 대한 아름다웠던 기억을 아주 가끔 꺼내어보긴 하겠지만, 대체로 현재에 적응하며 살아가겠구나 하는 생각이 들었다.

그리고 눈을 잠시 감았다 떴을 뿐인데, 인천국제공항에 도착했다는 안내방송이 나왔다.

당황스러웠지만 새벽 3시 반에 한국에 도착해 짐을 찾고 공항에 장기 주차해놓았던 승규의 배려로 무사히 또 편안히 집에 갈 수 있었다. 한국에 도착한 날이 월요일이었기에 집에 도착하자마자 씻고 출근 준비를 했는데, 너무 급하게 현실로 돌아와서 그런지 8박 10일간의 몽골 여행이 꿈처럼 느껴졌다.

그래도 그 꿈 덕에 다시 열심히 일하며 살아갈 힘이 생겼고, 이 행복감을 충전하기 위해 우리는 계속 여행을 떠나게 되는 게 아닌가 라는 생각을 하게 되었다.

119

홉스골
5 6
신이데르 4
불강 7
울란바토르
0
허르거화산 3
쳉헤르온천 2
엘승타사르하이 1

PART **3**

두번째 몽골,

홉스골에 가다

다시, 몽골

처음부터 몽골에 또 가야겠다고 확고하게 마음먹은 것은 아니었다.

'아직 가보지 못한 나라도 많은데 한 번 다녀왔던 곳을 또 갈 필요가 있을까?'

'처음 갔을 때보다 별을 못 보고 올 수도 있지 않을까?'

'그런데, 내가 지금 회사에 휴가를 낼 수 있나?'

생각은 꼬리에 꼬리를 물었고, 나는 일주일 넘게 고민을 거듭했다.

하지만 오랜만에 올라온 경훈이의 동행 모집 글이 반갑기도 했고, 이번에 가게 될 홉스골은 온천과 호수가 있어 고비사막과는 전혀 다른 매력의 새로운 경험을 해볼 수 있으며, 다시 한번 대자연 속에서 별과 은하수를 보며 힐링하고 싶다는 생각에 또다시 몽골에 가보기로 했다.

몽골 여행에서 가장 중요한 건 같은 비행기라도 남들보다 저렴하게, 투어사는 현지 상황 잘 알고 빠른 조치와 피드백을 주는 믿음직한 곳이라는 사실을 알고 있었기에 우리가 가장 먼저 찾아본 건 항공권이었다. 막상 가려고 보니 팬데믹 여파로 몽골로 향하는 항공편이 줄어든 것은 물론 몽골 현지 관광 관련 업체들은 대부분 문을 달아 물가가 올라버렸 으며, 러시아와 우크라이나 전쟁으로 기름값이 오르니 항공사들도 유류 할증료를 인상해 울란바토르로 향하는 항공권 가격이 이전에 비해 53% 나 올라있었다. 하지만 이런 부분들은 여행자들이 해결할 수 있는 문제 가 아니겠기에 직항이 사라지지 않은 것만으로도 감사하다 여기며 항 공권을 끊고, 고비사막 투어 때 이용했던 투어사를 통해 이번엔 7박 8

일 투어를 예약했다.

투어 비용은 고비사막 투어와 비교했을 때 홉스골 투어가 2배 정도 더 높았으나, 고비사막에서 샤워가 2~3번 정도 가능했다면 홉스골은 2번 빼고 다 가능하고, 인터넷과 충전이 되는 곳도 많아 숙소 퀄리티와 환경 자체가 다른 만큼 더 비싼 구조라 생각하면 가격을 인정할 수밖에 없었다.

하지만 의외의 문제는 다른 데서 나타났다.

이번에도 경훈이가 SNS와 투어사 동행 구하기 게시판, 그리고 몽골 여행 카페에 글을 올려 동행을 구하고 있었는데, 5월 말에서 6월 초에 휴가 내고 여행 갈 수 있는 사람이 많지 않은 것 같았다. 게다가 몽골은 고비사막이 워낙 유명하다 보니 가더라도 고비로 가려 할 뿐 홉스골엔 관심이 없었다. 내가 그랬듯 홉스골이 뭔지 모르는 사람들도 있었고. 적어도 4명은 맞춰야 푸르공 한 대로 투어할 때 비용이 부담되지 않을 것 같았는데, 3명에서 더 이상 진전이 없었다. 여행 떠나기 한 달 전이 되어서야 어렵사리 모인 이들은 고비사막 투어 경험이 있는 가영이와 몽골 여행 자체가 처음인 창림언니, 그리고 대웅이였다. 이번엔 남자 둘, 여자 셋으로 총 다섯 명이 함께하게 되었는데, 다행히 몽골 여행 유경험자가 셋이라 여행 준비하는 데 큰 어려움은 없을 것 같았다.

인천공항2터미널에서
울란바토르 신공항으로

오랜만의 해외여행에 설레던 것도 잠시, 우리가 타고 가게 될 비행기 시간이 애매했다.

코로나로 인해 항공편이 많이 줄어들었다곤 하지만, 아무리 그래도 오전 8시 출발 비행기라니.

3시간 전에 공항에 도착하려면 첫 차로는 불가능해 새벽에 택시를 타거나 전날 공항에서 노숙해야 하는 상황이었는데, 어찌해야 하나 고민하던 나는 최근 공항 체크인이 새벽 6시부터 가능하다는 정보를 얻게 되었다. 덕분에 공항철도 첫차를 타고 공항으로 향하니 공항철도는 이름답게 공항 최근거리에 나를 내려주었고, 정차한 위치에서 5분 안에 제2터미널로 진입할 수 있었다.

탑승수속을 밟으러 출발 층에 도착해 집이 멀어 공항에서 노숙했다는 가영이와 이른 새벽부터 택시 타고 온 경훈이, 대웅이를 만나 셀프체크

인을 통해 항공권을 발급받은 후 팀 마지막 멤버인 창림언니까지 모이
자 우린 수하물을 부치러 이동했다. 나의 캐리어와 공용으로 먹기 위해
식품을 담아온 추가 캐리어를 수하물로 부치니 항공사 직원분은 나의
항공권을 가져가고 대신 체납고지서 같은 종이 한 장을 건네주셨다. 짐
은 보내주지만 거기 적힌 금액을 내지 않으면 너는 보내주지 않겠다는
듯. 그래서 추가 결제를 하고 다시 항공권을 받은 후에야 우린 출국장으
로 향할 수 있게 되었다.

　어수선한 공항 분위기에 적응하지 못하는 사이 탑승이 시작되었고,
ZONE 4번이라는 이유로 가장 늦게 비행기에 타게 된 우린 기내에 짐
둘 공간이 부족하다는 사실에 당황할 수밖에 없었다. 먼 거리를 가는
것도 아니건만 울란바토르로 향하는 이들은 짐을 다 기내에 들고 탔는
지 우리 자리 위 칸까지 침범해 정작 우리 짐을 넣을 공간이 없었다. 결
국 대웅이의 백팩은 조금 멀리 있는 짐칸에 들어가야 했고, 작은 가방

들은 좌석 밑에 구겨 넣어야 했다. 몽골에 도착하자마자 우리 백팩을 마치 자신들의 가방인 양 챙기던 중국인들 때문에 가방을 잃어버릴 뻔했지만, 매의 눈으로 지켜보던 경훈이 덕분에 가방은 다시 대웅이 곁에 남을 수 있었다.

올란바토르 신공항에 도착해 입국심사를 마치고 짐을 찾으러 갔는데, 이번엔 캐리어 2개가 아무리 기다려도 나오질 않았다. 분명 같이 부쳤으니 같이 나와야 하는데 분실된 건지 아니면 안에 든 음식이 세상 밖으로 나와 레일에 실을 수 없는 상태가 되어버린 건지 알 수 없었다. 우린 걱정에 걱정을 더해가며 더 이상 캐리어가 나오지 않을 때까지 기다린 후에야 보이지 않았던 짐들이 검역소에 걸려있다는 사실을 알게 되었다. 검역소로 가 가방을 열고 안에 들어있는 게 반입금지 물품이 아니라는 사실을 확인시켜준 후에야 캐리어를 가지고 나올 수 있었는데, 그들이 의심하던 물품은 페트병에 든 소주와 마그넷이었다. 몽골 입국자가 많아 빨리 나오려고 빠릿하게 움직였는데, 검역이라는 변수를 생각지 못한 우리. 검역에 걸린 거라면 차라리 우리나라처럼 노란 자물쇠를 채워 당사자가 검사받으러 오게 하면 좋을 텐데, 직원들이 그냥 가져가면 승객 입장에선 캐리어가 안 나온 건지 검역에 걸린 건지 어떻게 알 수 있을까? 결국 공항 컨베이어 벨트가 멈출 때까지 기다리며 걱정은 걱정대로 하고 시간은 시간대로 버리게 되니 이런 거 보면 올란바토르 신공항에도 업무처리 방식의 변화가 필요할 것 같다는 생각이 들었다. 결국 짐 찾는 데만 35분가량 소요하고 출국장으로 나오니 투어사 담당자분이 우리 팀명이 적힌 피켓을 들고 기다리고 있었다.

울란바토르에서
환전하고 장보고

   3시간만 날아와도 대자연을 볼 수 있다는 사실을 깨닫게 해주듯 공항에서 숙소로 가는 길은 다시 찾은 몽골에 대한 애틋함과 향수를 불러오기에 충분했다.

   숙소는 이전 투어 때 묵었던 호스텔로 예약했기에 도착해 건물을 마주하자 고향 집에 온 기분이 들었는데, 가이드를 따라 우리가 묵을 방을 안내받으며 안으로 들어서니 이전 기억이 새록새록 떠올랐다. 어쩜 바뀐 게 하나도 없다는 얘길 나누다 뭔가 묘한 느낌에 다시 확인해보니 여긴 우리가 묵었던 층이 아니었다. 어쩐지 화장실이 조금 낯설더라니….

   숙소에 도착해 가장 먼저 만난 사람은 투어사 가이드 팀장으로 그녀는 고비사막 투어 때 우리 팀 가이드를 맡았던 시네였다. 나는 바로 그녀를 알아보고 반가운 마음이 들었으나, 한 해에도 수없이 많은 한국인이 오가는 몽골에서 가이드를 하다 보니 아쉽게도 그녀는 나를 기억하

지 못하는 것 같았다.

특별히 기억을 떠올릴만한 어떤 에피소드가 있던 것도 아니었기에 그럴 수 있겠다 생각하며 넘어갔는데, 갑자기 그녀가 말했다.

"아, 기억났어! 몽골 음식 못 먹는 남자애들이랑 같이 왔었잖아."

그 말에 나도 병모와 인표 형님이 떠올라 웃음이 나왔다. 그들이 없었다면 나를 기억하지 못했으려나 싶다가도 오히려 그렇게 기억해주니 우리 팀 전체를 기억해주는 것 같아 고맙기도 했다.

   투어 전후 일정은 원래 가이드 없이 움직여야 하는 거였지만, 점심도
거르고 우리를 기다려준 그녀와 함께 식사하기로 했고, 추천해주는 중
식당으로 이동했다. 빡빡하게 모든 걸 다 지켜야 할 필요는 없다는 그녀
의 말에 따라 무단횡단해 도착한 식당에선 그녀의 도움으로 쉬이 음식
을 주문해 먹을 수 있었다. 시장이 반찬이라지만 한국인 입맛에도 아주
잘 맞는 음식들이 줄이어 나왔고, 뜬금없는 타이밍에 나온 물티슈는 끓
는 물을 부어왔는지 너무 뜨거워 제대로 된 손 소독이 뭔지 보여주는 듯
했다. 메뉴판에 있는 사진만 보고 주문한 음식들이었으나 볶음밥과 햄
버거버클, 제육마늘쫑볶음에 마라탕과 탕수육까지 뭐 하나 마음에 들지
않는 음식이 없었고, 여기에 맥주 3병을 추가했음에도 한화로 8만 원밖
에 나오지 않아 모두가 몽골 물가에 반해버렸다.
   우리가 묵은 호스텔에서는 서비스 차원으로 환전과 유심 판매를 진행해줘 편하게 공급 및 개인 비상금 환전 후 유심도 구입할 수 있었다. 개인 돈은 유목민 플리마켓에서 물건을 구입하거나 체험 추가 비용을 낼 때 필요했으므로 대부분 10만 원 정도를 환전해 당시 환율에 따라 23만 투그릭을 받았고, 사용하지 않은 돈은 한국으로 돌아가기 전 재환전을 통해 정리할 수 있었다.

유심은 이번에도 10일 사용 가능한 10GB짜리로 구입했는데, 몽골의 유심은 특이하게 휴대폰을 껐다 켤 때마다 핀 코드번호 4자리를 입력해야 했다. 번호를 세 번 틀리면 폰이 잠겨버렸기에 코드번호가 적힌 카드는 언제든 열어볼 수 있는 곳에, 한국 유심은 한국 가서 쓸 수 있도록 잃어버리지 않을 만한 곳에 잘 넣어둬야 했다.

유심 갈고 배 채웠고 환전도 했으니 이번에 할 일은 투어 전 장보기. 지난 투어 때는 저녁 비행기로 숙소에 도착해 투어 시작 전 장을 봤는데, 이번엔 아침 비행기로 와서 시간이 남기도 했고 미리 장을 봐두면 다음 날 더 일찍 출발하거나 반대로 조금 더 천천히 출발할 수 있다기에 우린 투어 전날 장을 봐두기로 했다.

국영백화점 1층과 이어져 있는 마트를 크게 한 바퀴 돌며 물과 휴지, 물티슈 같은 생필품 위주로 카트를 채워나갔고, 가장 중요한 보드카 에덴도 꾹꾹 챙겨 넣어주었다. 에덴은 병에 어여쁜 사슴 그림이 그려져 있는데, 그 옆에 늑대 그림이 그려진 새로운 보드카도 나와 있어 맛에 대한 궁금증을 자아냈으나 저건 맛이 별로라는 말에 바로 손절하고 당일 저녁부터 2~3일 정도 마실 맥주도 골라줬다. 몽골에 왔으니 오랜만에 골든고비 먹어줘야 하고 새로 나왔다는 맥주도 맛볼 겸 이 맥주 저 맥주

주섬주섬 담았는데, 특이하게 이번 투어 일행들은 술을 그리 즐겨 하지 않아서 그런가 보드카와 맥주의 비중이 크지 않았다. 이상하게 과자만 산더미처럼 쌓여갈 뿐.

양이 점점 많아지자 나름 구분하기 쉽게 봉지를 여러 개 사서 종류별로 나눠 담았는데, 몽골 마트도 배달이 되면 좋으련만, 아직 몽골에 그런 서비스가 도입되지 않아 우린 이 무거운 짐들을 다 들고 숙소로 가야 했다. 그래도 그나마 다행인 건 백화점에서 숙소까지의 거리가 도보 10분 이내라는 사실이었다.

무시할 수 없는 미니사막
엘승타사르하이

홉스골 투어 시작을 위해 숙소 밖으로 나오니 바츠카와 기사님, 그리고 푸르공이 우릴 기다리고 있었다. 바츠카는 고비사막 투어 때 시네와 함께 우리 팀 가이드를 맡아준 사람이었고, 기사님은 가영이의 고비사막 투어를 함께했던 기사님의 친형이셨다. 푸르공은 말할 것도 없이 몽골 여행에서 빠질 수 없는 친구였으니, 우린 처음부터 각별한 인연으로 맺어진 팀이었다.

이 중 제일 신기한 건 가영이의 인연으로, 몽골에서 우연히 형제를 보게 되는 것만도 신기한 일인데 어떻게 고비사막 갈 때는 동생이, 홉스골 갈 때는 형이 운전해 줄 수 있을까? 그런 인연 때문에 우리가 알게 된 게 또 하나 있으니 그건 형제 기사님들의 이름이 똑같다는 거였다. 기사님의 이름 뜻을 한국어로 번역하면 '일요일'인데, 기사님 동생 이름도 일요일이라고. 처음엔 가영이가 잘못 기억하는 게 아닌가 했는데 시

네에게 물어보니 몽골도 시골에선 태어난 순서대로, 또 태어난 요일로
도 이름을 지어 같은 이름을 가진 형제들이 종종 있다고 했다. 그럼 성
과 이름이 같다는 건데 어떻게 구분하냐 물으니 이름 뒤에 뭐가 더 붙는
다고 했다. 이를테면 '화창한 일요일' 씨라거나 '비 오는 일요일' 씨 같
은 느낌 아닐까?

지난 여행에서 마주 앉는 푸르공과 같은 방향을 바라보는 푸르공 둘
다 타봤기에 오랜 이동시간 서로 마주 보고 수다 떨며 갈 수 있는 푸르
공을 원했으나, 우리 기사님은 같은 방향을 바라보는 푸르공 주인이라
이 차로 이동해야 한다고 했다. 하지만 곧 이 푸르공의 장점도 알게 되
었으니 앞 좌석은 3자리, 뒷좌석은 4자리라 앞뒤 공석에 짐을 조금 더

그 해, 몽골

올려둘 수 있었고, 유럽인 못지않게 긴 다리를 가진 대웅이는 뒷좌석 맨 우측 자리에 앉아 다리를 쭉 뻗고 이동할 수 있었다. 물론 머리가 푸르공 천장에 닿는 건 어떻게 할 수 없었지만….

우리의 투어 시작일이 금요일이라 울란바토르 사람들의 출근시간과 겹치면 길에서 시간을 버리게 될 수 있다기에 예정보다 한 시간 늦게 출발했는데, 그럼에도 불구하고 시내는 꽉 막혀있었다. 이 정도는 각오했다는 듯 몽골 사람들은 그러려니 했지만, 우린 더 늦어지진 않을까 걱정되기만 했다.

그나마 첫 번째 목적지인 미니사막 엘승타사르하이가 그리 멀지 않다고 했고, 시내만 빠져나가면 뻥 뚫린 길이 나타날 거란 걸 알았기에 걱정 붙들어 매고 노래 들으며 기분 좋게 아침을 시작했는데, 출발 전엔 빗방울이 떨어지더니 시내를 빠져나오자 모래폭풍이 불다가 또 조금 지나니 금세 맑아지는 등 날씨가 정신을 못 차리고 있었다.

기사님이 갑자기 차를 세우시기에 뭔가 문제가 있는지 물으니 잠시 쉬었다 가자고 했다는데, 우리도 바람 쐬기 위해 차에서 내려 주변을 둘러보니 기사님은 그저 한 곳에 서서 풍경만 바라보고 계셨다. 그때 바로 기사님이 말 보러 가신 거였다는 걸 알아차렸다. (몽골에서는 남자들이 화장실 가는 걸 말 보러 간다고 표현한다) 그 순간 '내가 다시 몽골에 왔구나' 하는 생각이 들었다.

처음 몽골에 왔을 땐 비행기에서 내리자마자 맡게 되는 낯선 공기에, 눈앞에 펼쳐진 광활한 자연의 모습에, 푸르공 앞을 가로막고 서 있던 동물들이 와다다 흩어질 때 등 모든 순간 이곳이 몽골이라는 생각이 들었

135

으나, 두 번째로 찾은 몽골에서는 그런 느낌을 받지 못해 풀지 못한 수학 문제를 하나 쥐고 있는 듯한 기분이었는데, 기사님이 자연과 하나 된 모습을 보는 순간 답을 찾은 것 같았다.

'그래, 그랬지. 이곳은 그런 곳이었지.'

'돌아왔구나!'

정말 몽골에 왔다는 기분 때문이었을까, 첫 목적지가 사막이라는 사실 때문이었을까, 갑자기 들뜬 기분은 평범한 길 한복판에 푸르공이 주차하게 되면서 가라앉았다. 사막을 찾기 위해 두리번거리며 차에서 내리는 우리에게 바츠카는 여기서부터 사막까지 걸어갈 거라고 말해주었다.

생각해보니 사막 바로 앞에 차를 대면 차도 모래에 빠질 수 있어 고비사막에서도 조금 떨어진 곳에 차를 세우고 걸어갔던 기억이 났고, 모래에 파묻힌 염소 머리뼈를 보니 이 부근이 사막이 맞긴 한 것 같아 일단 그녀를 따라 가보기로 했다. 모래 언덕 하나를 넘고 빈약한 나무들이 지키고 있는 풀밭 같은 곳을 지나니 모래사막이 낮게 펼쳐져 있었다.

쩽하게 내리쬐는 햇볕과 곱디고운 모래언덕. 두 걸음 올라가면 한 걸음 반 밀려 내려오던 고비사막을 상기시키며 올라가는데, 조금 힘들어진다 싶을 때 언덕이 끝나있었다. 여기서 당황스러운 건 사막 주변에 나무가 있다는 사실이었다. 뭔가 이상하게 느껴져 조금 더 높은 곳으로 이어진 능선을 따라 이동하니 그나마 사막의 정상처럼 보이는 곳에 도착할 수 있었지만, 그곳에서 보이는 뷰나 올라온 높이가 이곳을 사막이라 칭하기 민망하게 만들었다.

고비사막 홍고르엘스를 경험해본 이들은 이곳이 사막이 맞는지에 대
한 토론 아닌 토론을 펼쳤다.

"벌써 다 올라왔어? 설마… 여기가 끝은 아니지?"

"이게 사막이라고?"

137

그 해, 몽골

Part 3 두 번째 몽골, 홉스골에 가다

"이건 사막 아니지~ 이건 올라왔다고 말하기도 민망하다."

"그래서 미니사막이라는 거 아니야?"

"아니, 여기는 '미니'라는 말을 붙이기도 애매한데요?"

"근데, 이 정도 모래는 한국 공사장 가도 볼 수 있어."

몽골에 처음 온 창림언니마저 이런 말로 엘승타사르하이의 격을 확 떨어뜨려 버렸다.

자신을 비하하는 발언을 하면서도 그 위에서 열심히 사진 찍고 노는 우리를 보며 사막이 열이라도 받은 걸까? 우리가 엘승타사르하이에서 내려가기 전 창림언니의 부탁으로 동영상을 하나 찍어줬는데, 언니가 카메라를 보며 총총총 뛰어오는 사이 신고 있던 슬리퍼가 사라져버렸다. 언니는 발이 모래에 자꾸 빠지기에 슬리퍼가 벗겨지는 대로 두고 이따 가져가려고 했다는데, 슬리퍼는 순식간에 모래에 파묻혀 흔적도 없이 사라져버린 것이었다. 여기서 더 무서운 건 우리야 잃어버린 신발을 버리고 오면 그만이지만, 누군가 엘승타사르하이에 올라갔다가 주인 없는 슬리퍼를 발견한다면, 사막에 사람 묻힌 거 아닌가 싶어 등줄기에 소름 쫙 돋는 거 아니냐며 떠들어댔다.

결국 창림언니는 사막한테 신발 뺏기고 대웅이에게 양말 빌려 조심조심 내려와야 했는데, 미니사막도 사막이라고 심기 건들면 성질부리기도 하는 것 같으니 가서는 말과 신발을 조심해야 할 듯하다.

그리고 엘승타사르하이도 그곳만의 분위기가 있어 막 무시해도 될 정도의 사막은 아니나 개인적으로 진짜 사막에 가보고 싶다면 중간에 포기하더라도 고비로 갈 추천한다.

낙타트레킹과
꿀맛 삼겹살

　유목민들이 실제 살고 있는 유목민 게르보다 이름만 들어도 여행객들에게 최적화되어있을 것 같은 여행자 게르를 더 선호하는 사람들이 많을 것 같은데, 사실 유목민 게르와 여행자 게르의 숙소는 크게 다르지 않다. 샤워실이나 화장실을 따진다면 여행자 게르의 시설이 더 낫긴 하지만, 조용하고 정 넘치고 생각보다 정돈이 잘 되어있는 유목민 게르가 더 편할 때도 있다. 운 좋으면 여기서 키우는 아기 동물들도 만날 수 있고. 기대에 차서 도착한 첫 게르에서 우릴 맞이해준 건 어린 동물들이 아닌 큼지막한 개님들이었다. 그 뒤에서 환하게 미소 지으며 안으로 들어오라 손짓하시는 주인아주머니를 따라 쭈뼛거리며 게르로 들어가 왼쪽에 쪼르륵 앉으니 (몽골에서 손님은 왼쪽에, 주인은 오른쪽에 앉는다) 아주머니는 차부터 내어주셨다.

　몽골에서 물 대신 마시는 수태차는 우유에 홍차 잎을 넣고 끓이다 마지막에 간을 맞추기 위해 소금을 넣는데, 그래서 그런지 어딜 가나 있는 전통차였지만 어디서 먹어도 그 맛이 같지 않았다. 식당에서 주는 수태차는 남겨도 문제가 되지 않지만, 집에서 대접받는 경우 남기는 건 예의가 아니라기에 차 한 잔에 이어 주신 간식까지 깔끔하게 비우고 이날 묵게 될 게르에 짐을 풀어둔 후 낙타트레킹을 하기 위해 이동했다.

체험장엔 낙타 다섯 마리와 유목민 아저씨가 밖에 나와 우릴 기다리고 있었다. 우린 안내 수칙에서 본대로 낙타의 왼쪽으로 접근했고, 무릎 꿇고 앉아있는데도 높다란 낙타 등에 타기 위해 등자를 밟고 쌍봉 사이에 편안히 안착하니 유목민 아저씨가 낙타를 일으켜 세워주셨다. 이후 낙타 네 마리의 줄을 이은 아저씨는 줄을 손에 감아쥔 채 말에 올라 트

레킹을 시작했는데, 낙타가 걷기 시작하고 얼마 지나지 않았을 때 갑자기 낙타들이 말썽 아닌 말썽을 부리기 시작했다.

낙타들은 앞 낙타의 봉 혹은 안장과 다음 낙타 코뚜레에 끈을 연결해 간격을 두고 걷게끔 되어있어 낙타들이 간격을 잘 맞춰가면 문제가 되지 않지만, 누구 하나 느리게 가거나 빨리 가게 되면 연결 끈이 팽팽해져 낙타의 코만 아픈 게 아니라 내 발도 낙타의 몸뚱이와 옆 사람 발, 심하면 등자에 눌리게 된다. 앞서 내가 탄 낙타는 앞으로 가고 싶어 했지만 내 앞에 있던 대웅이의 낙타가 걸어가기를 거부해 스텝이 꼬였던 건데, 다행히 대웅이의 낙타가 다시 걷기 시작하니 문제는 해결되는 듯 보였으나 가영이와 창림언니는 뒤에서 간격을 지키지 못하는 낙타들로 인해 타는 내내 발목 눌림을 참아내야 했다.

'아프다', '떨어져라'라고 말한들 낙타들이 알아듣지 못하고, 발로 밀어낸들 그 힘이 낙타가 미는 힘만 못하니 트레킹 시간이 길게만 느껴졌다는데, 간격 조절만 잘 되면 사실 낙타 타는 게 힘든 일은 아니다. 몽골에 사는 낙타는 쌍봉낙타로 혹과 혹 사이에 안장을 두기 때문에 낙타에 탄 후 뒤쪽 혹에 살짝 기대어 가면 아주 편안하게 이동할 수 있다. 게다가 낙타는 어지간해서는 뛰지 않아 낙타를 타고 이동하면서 사진을 찍어도 전혀 흔들림 없는 풍경 사진을 건질 수 있다. 하지만 부득이 낙마사고가 생길 수도 있기에 낙타를 탈 때는 안장을 꽉 잡아줘야 한다. 심지어 사진을 찍을 때도.

몽골 초원엔 동물들이 많이 돌아다니는데, 사람이 가면 다 도망가지만 같은 동물이 다가가면 사람이 타고 있더라도 길을 막지 않는 선에서 피할 뿐 개의치 않아 한다. 그래서 우린 바로 옆으로 지나가는 소와 바위 위에서 노는 양과 염소를 품은 풍경을 감상할 수 있었다. 그 풍경에 적응되어갈 때쯤 푸르공이 보이기 시작해 아쉬운 마음이 살짝 들기도 했지만, 해가 그리 뜨겁지 않은 때에 지루하지 않을 정도로 딱 타고 온 것 같아 만족스러웠다.

다시 출발점으로 돌아온 우리는 유목민 아저씨가 내려주실 때까지 낙타 위에서 잠시 대기한 후 한 사람씩 차례로 내렸는데, 낙타가 일어설 때 두 번에 걸쳐 일어나듯 앉을 때도 관절을 두 번 꺾고 앉기 때문에 앉을 때 앞으로 쏠리지 않도록 몸을 살짝 뒤로 기대 혹시 모를 사고를 방지해줬다.

"바츠카! 낙타 타는 거 너무 재밌었어!!"

트레킹이 끝난 후 내가 바츠카에게 말하자, 그녀는 다른 멤버들의 경직된 얼굴을 쓱 훑어보고는 이렇게 말하며 웃었다.

"언니만 재밌었던 것 같아요~"

낙타트레킹을 마치고 숙소로 돌아와 저녁 메뉴가 삼겹살이라는 말에 모래바람이 불어도 고기는 밖에서 먹어야 한다며 야외테이블에 자리를 잡았다. 몽골에 삼겹살이 있다는 사실도 감동이었지만, 한국인들이 좋아한다고 마늘과 쌈용 배추를 챙겨온 바츠카의 센스가 더 감동이었다. 한국에서 몽골 온 지 이틀밖에 안 된 상태여서 한식이 막 그리울 시기는 아니었지만, 몽골 초원에서 즐기는 삼겹살 파티에 모두 들떠있었다.

물론 삼겹살을 투어 끝자락에 먹는다면 이보다 더 큰 감동을 받을 수 있을 것 같았으나, 현실적으로 이동시간이 길고 냉장고가 없는 게르에

서 신선하게 보관하기는 어려울 것 같았다.

한국의 음식 문화는 모두 다 같이 먹는 것이기에 바츠카와 기사님까지 모두 불러 삼겹살에 소주를 맛있게 먹고 배운 사람들답게 후식으로 볶음밥까지 먹어줬다. 밥도 다 먹었겠다, 슬슬 날도 추워지겠다, 이제 게르로 들어가려는데 밖에서부터 우리 옆을 졸졸 따라다니던 개님 1호가 우릴 따라 게르 앞까지 오다 우리가 안으로 들어가자 문턱에 멈추고 자리를 잡았다. 교육을 잘 받았나보다 했더니 몽골에선 말 안 들으면 개를 그냥 걷어찬다고.

그렇게 천대받다가 외부인들이 와서 쓰다듬어주니 그렇게 좋아했던 거라는 사실을 알게 되자 안쓰러웠지만 그렇다고 우리가 안으로 데리고 들어갈 순 없었기에 밖에서만 챙겨줬는데, 막 자란 개 치고는 털이 어찌나 부드럽던지 그 촉감이 잊히지 않을 것 같았다.

　하지만 그 모든 걸 잠시 잊게 만든 게 있었으니 거의 백만 년 만에 마주하게 된 에덴! 이게 얼마만의 재회인지 주섬주섬 전날 마트에서 사 왔던 에덴과 사이다, 오렌지주스 꺼내 제조에 들어갔고, 그렇게 새로 태어난 에덴은 여전히 꿀맛이었다.

　저녁식사를 시작으로 11시 반이 넘어서야 우리의 술자리는 종료되었지만, 이날은 구름이 그득 낀데다 바람이 많이 불어 별이 보이지 않았다. 하지만 혼자 나갔다 캄캄한 곳에서 넘어져 다쳐서 돌아온 창림언니와 잠시 문 연 틈에 빛을 따라 게르로 들어온 나방들로 인해 한바탕 소란이 일어 앞으로 여행이 순탄할 수 있을지 걱정하며 잠들어야 했다.

그 해, 몽골

아는 만큼 보였던
카라코룸 에르덴조 사원

몽골에서 비 내리는 풍경은 흔치 않다던데, 숙소에서부터 끈질기게 따라붙던 비구름을 결국 따돌리지 못하고 내리게 된 곳은 카라코룸 에르덴조 사원이었다.

여기는 중세 몽골 제국의 수도였던 곳으로, 지금은 폐허가 되어 유적만 남아있다기에 검색해보니 2004년 오르혼 계곡 문화 경관의 일부로 카라코룸 유적지 및 에르덴조 사원이 세계문화유산으로도 등재되었다고 나와 있었다. 도대체 얼마나 대단하기에 그런가 싶어 커다란 대문을 통해 안으로 들어가니 우측엔 몇 개의 설명이 안내판에 적혀있고 좌측엔 게르가, 정면 쪽으론 몽골에서 가장 오래된 불교 사찰이라는 에르덴조 사원이 보였다.

실제 에르덴조 사원은 1585년 건립된 것으로 잘 나갈 땐 경내에 62동의 사원과 500개의 건물이 있었고 1만 명 이상의 승려가 거처하기도 했

다던데, 몽골혁명 이후 소련의 탄압으로 몽골인 3만 명 이상이 숙청되었으며, 당시 에르덴조 사원에 남아있던 550명의 승려뿐 아니라 40여 개의 사원마저 소실되었다고 한다.

이 사원에 대해 아는 게 없었던 우린 그냥 길 따라 걸으며 건물의 외관을 감상하는 게 전부였는데, 문이 잠겨있던 곳도 많았던지라 내부는 볼 수 있는 것보다 없는 것이 더 많았다. 어찌저찌 건물 옆을 돌아 찾아낸 또 다른 건물의 입구는 입장료를 내야 들어갈 수 있다는 직원분의 말과 함께 제지당해야 했다. 바깥쪽 터는 마음껏 봐도 되지만 내부는 안된다는 듯 뜬금없는 곳에 매표소가 있다는 생각이 들었으나 그래도 온 김에 보고 가려고 했는데, 입장료가 한화로 인당 만 원이라는 소리에 바가지 같다는 생각이 들어 그냥 돌아 나왔다.

아무리 역사적 의미가 있는 장소라고 해도 몽골에서 입장료가 만원이라니! 우리나라도 경복궁 입장료가 3천 원이고, 세계자연유산인 성산일출봉 입장료는 5천 원이구만. 몽골은 우리나라보다 물가도 낮은데 가격이 배라니 쉬이 믿을 수 없었고, 바츠카 또한 비싸다는 소리를 할 정도라 그냥 안 보고 말기로 했다. 그래도 일행 중 한 명이라도 들어가자고 하면 갈 의향이 없지는 않았으나, 다들 한마음이었던지 그런 말을 하는 사람은 아무도 없었다. 게다가 우리가 이 유적과 관련된 설명을 조금이라도 들을 수 있다거나 미리 알아보고 갔다면 또 몰랐을 텐데 그런 게 아니다 보니 관심이 없어 굳이 들어가 본다 한들 새롭게 얻는 정보도 없을 것 같았다.

발길을 돌릴 때 마침 잠시 그쳤던 비가 또 내리기 시작해 오히려 잘됐다는 생각으로 돌아가는데, 카라코룸을 해석하면 '검은 숲길'이라는 뜻이 있다는 얘기가 들려왔다. 사실 길 곳곳에 장식물들이 놓여있긴 했는데, 이게 혹시 유물인가 싶어 들여다봐도 어떤 의미를 지닌 건지 알 수 없어 조금 아쉬웠기에 나중에 찾아보니 내가 원했던 정보는 없고 카라코룸에 가면 거북바위와 화강암으로 만들어진 남근석, 모래산과 오르혼 강을 보고 와야 한다고만 적혀있었다.

그중 아무것도 보고 온 게 없어 '아는 만큼 보인다고 아는 게 없어 정말 아무것도 못 봤구나' 하는 생각이 들었다. 결국 에르덴조 사원을 둘러싸고 있다는 108개의 라마 불탑의 일부만 한 번 더 감상한 채 비가 더 내리기 전 푸르공에 오른 우리는 그대로 다음 목적지로 향했다.

날씨가 좋을 땐 이곳에 매 아저씨가 오셔서 어마무시하게 큰 매를 팔에 얹고 날개를 활짝 펼친 모습으로 사진 찍을 수 있게 해주고 유목민들이 손수 만든 제품을 구입할 수 있도록 플리마켓도 열어준다던데, 가는 날이 장날이라고 이날은 정말 아무것도 없었다.

진흙탕에 빠진
푸르공과 몽골의 사계

갑자기 퍼붓기 시작한 비로 인해 가시거리가 짧아졌다. 아무리 와이퍼를 작동시켜도 금방 비와 습기로 인해 뿌예지는 창에 길이 보이긴 하는 건지 의문이 들 정도였다.

푸르공 천장에서도 비가 새기 시작했는데, 그 와중에도 비안개 속에서 몽환적인 매력을 뿜내는 노란 꽃들은 빛을 발하고 있었다. 천천히 감상하며 가도 좋겠다는 생각을 하고 있을 때 갑자기 기사님이 내리시더니 비를 맞으며 어딘가로 걸어가셨다. 무슨 상황인지 파악하기 위해 기사님이 향하는 곳을 바라보니 그곳엔 차가 한 대 서있었다.

거기서 조금 더 시야를 넓혀보니 그 차 때문인지 마주 서 있는 차도 멈춰있었고.

아무래도 길 자체가 좋지 않은 상태에서 비까지 내려 땅이 혹 꺼져버린 듯 했는데, 거기 빠져버린 차에 다가가 도움을 주려 했으나 차주가 없어 기사님은 다시 돌아오시는 것 같았다. 우리도 조심조심 가야겠다 생각하고 있는데, 어째 나방이 불로 달려들듯 그 진흙길로 진입하는 기사님.

"왜 저 길로 가지?"

"돌아가야 하는 거 아니야?"

불안한 마음에 한마디씩 하고 있는데, 아니나 다를까. 우리 차도 진흙 속에 빠져버렸다.

아니 그냥 처.박.혔.다.

오프로드에서 푸르공을 타고 달리면 좌우로 기우뚱기우뚱, 위아래로 통통 튀는 정도는 이제 애교로 넘길 만큼 익숙해졌는데, 아예 기울어진

채로 멈추게 된 건 이번이 처음이라 몹시 당황할 수밖에 없었다. 기사님은 상태를 확인하기 위해 바로 하차하셨고, 우린 창문을 열어 밖을 보는데, 말 그대로 이곳은 진흙탕이었다.

일단 우리 무게로 인해 차가 진흙 속에 더 파묻히지 않도록 다들 내려야겠기에 문을 열려는데, 차가 우측으로 기울면서 문 하단까지 진흙 속에 빠져 문이 열리지 않았다. 푸르공은 뒷자리 문이 우측에 한 개뿐이라 결국 기사님이 문 아래쪽 진흙을 손으로 파 문이 열릴 만큼의 좁은 틈을 만들어주셨고, 그 틈을 통해 다들 차에서 내릴 수 있었다. 사람의 몸이 문어와 같지는 않지만, 생각보다 유연하다는 사실에 새삼 놀라며 밖으로 나와 차 상태를 살피니 우측 바퀴가 보이질 않았다.

심하게 기울어져 언제 옆으로 눕는대도 이상하지 않을 지경이었는데, 우리가 다 같이 차를 민다 해도 뺄 수 있을 것 같지 않아 주변에 도움받을 수 있는 방법이 있나 찾아봤으나, 이 차 저 차 다 빠져서 서로 도와줄 수 있는 처지가 아니었다. 심지어 사람이 살짝 밟기만 해도 땅이 눌리는 게 보여 지나갈 수 있는 길이 맞긴 한 건지에 대한 의문이 들 정도였는데, 딱 우리가 지나온 길만 풀이 없는 걸 보아 그 길이 차가 지나가게 만들어 둔 길은 맞는 것 같아 왜 이리로 왔냐고 탓할 수도 없는 일이었다. 예상치 못한 상황에 당황한 우리와 달리 기사님은 웃으며 차 아래로 들어가 바퀴에 체인을 걸고 차를 꺼내기 위한 준비를 하고 있었다. 그 옆에서 우린 도와주고 싶어도 도와줄 수 있는 게 없다는 사실을 깨닫고 일단 상황을 지켜봤다.

우리 상황과 달리 주변은 뭐 이리 평화롭고 아름다운지 비가 그치고

Part 3 두 번째 몽골, 흡스골에 가다

해가 나기 시작하니 완전 새로운 세계가 펼쳐지는 느낌이었다. 눈이 녹으면 봄이 오듯 우리 여행길에도 이제 봄이 오려나 하고 있을 때 차에 시동을 걸기 시작한 기사님. 헌데 차는 꼼짝도 하질 못했고, 이번엔 바퀴 쪽에 나무를 지탱해 빠져나오는 방법으로 차를 빼보고자 우리에게 크고 두꺼운 나무 주워오기 미션을 주셨다. 나무를 구해 오는데 기다렸다는 듯 다시 먹구름을 몰고 오며 비를 뿌리는 하늘. 여행자들에게 배려 따윈 조금도 허락하지 않겠다는 듯 변덕을 부리는 하늘에 욕을 퍼붓는다 한들 우리가 비를 피할 수 있는 방법은 없었다.

차는 쓰러져 안에 들어갈 수 없고 한국에서 우산을 챙겨오긴 했으나 한 사람을 제외한 모두가 우산을 캐리어에서 꺼내두지 않았기에, 당장 사용할 수 있는 우산이 하나밖에 없었다. 사실상 우린 밖에서 내리는 비를 쫄딱 맞고 서 있어야 했는데, 우리보다 더 힘든 사람은 땅에 엎드려 차를 빼내려 노력중인 기사님임을 알기에 마음을 비우고 기다려보기로 했다. 아이들 여섯도 우산 하나를 같이 쓰진 않을 텐데, 성인 여섯이 우산 하나에 의지해 우정을 돈독히 하는 사이에 비는 바람을 타고 위와 옆에서 들이쳐 옷 속으로 스며들었고, 몸의 체온을 빼앗아감과 동시에 옷의 무게를 늘려주었다.

차가 빠지고 10분 단위로 변하는 날씨와 맞서 싸운 지 40분 정도 지나자 수족냉증이 아닌 사람도 수족냉증 경험을 할 정도로 손발이 차가워지기 시작했고, 이 상태로 계속 있다간 모두가 감기에 걸릴 것 같단 생각을 하고 있을 즈음 우리의 상태를 알아차린 기사님이 우리에게 푸르공으로 들어가 있을 것을 권했다. 우린 얼어 죽는 것보다 그게 낫겠다는 생각에 기울어진 푸르공 안으로 들어갔다. 여기서 놀라운 건 정말 심각한 상황인데도 불구하고 기사님은 얼굴 한 번 찡그리지 않고 허허 웃으며 본인이 할 일을 묵묵히 하고 있다는 거였고, 바츠카 또한 목적지였던 쳉헤르 온천 담당자에게 연락해 상황을 설명하고 우리를 픽업해 줄 수 있는지 확인한 후 우리가 안심할 수 있도록 해주었다.

아무래도 비바람 부는 바깥보다는 푸르공 안이 조금 더 낫긴 했지만 그렇다고 내부가 따뜻한 정도까진 아니었고, 기울어진 푸르공 안에서 우리들의 엉덩이가 아래로 미끄러져 우측 바퀴를 더 누르지 않도록 신경 쓰는 것도 쉬운 일은 아니었던지라 빨리 상황이 종료되길 바라고 있던 그때! 갑자기 타닥거리는 소리와 함께 우박이 떨어지더니 이젠 눈까지 내리기 시작했다.

"어! 함박눈이다."

"지금 우박이랑 눈이 같이 내리는 거야?"

"아니 몽골 뭔데? 이건 좀 심한 거 아니야?"

아무리 몽골이라지만 무슨 꽃 피는 봄부터 비 내리는 여름, 세찬 바람 부는 가을과 눈 내리는 겨울까지 사계절을 하루 만에 보여주는 건지…. 하루를 1년 같이 보내게 만드는 재주가 있는 곳이란 생각을 하고 있을 때, 문득 아직 하루의 반나절밖에 지나지 않았다는 사실이 우릴 암흑 속으로 더 밀어 넣는 듯했다.

잠시 후 우릴 도와줄 사람들이 왔다는 소식에 차에서 내려보니 그분들은 차와 차를 연결해 당겨서 빼주기 위한 준비를 하고 있었다. 그렇게 시작된 첫 번째 시도는 공중에 검은 연기만 남긴 채 실패했고, 두 번째 시도는 약간 끌려오고 끌려가는 것 같더니 다시 제자리로 돌아와 실패. 그리고 마지막 세 번째 시도에서 사람들이 푸르공 앞을 밀고 뒤에 연결한 차가 당기며 힘을 준 끝에 우리의 푸르공은 네 바퀴로 똑바로 일어설 수 있게 되었다.

장장 1시간 10분 만에 진흙탕에서 빠져나온 우리의 푸르공. 차를 빼고 나서 우리 차가 빠져 있던 곳을 보니 참 깊이도 파여있던데, 우리 차가 빠져나오자 기사님은 맞은편에 빠져 있던 다른 차를 꺼내주기 위해 푸르공을 돌리셨다. 몽골 사람들은 서로 모르는 사이더라도 위험에 처하면 도와주는 걸 당연시 여긴다고 하기에 우리도 받은 만큼 선한 마음으로 베풀기로 했고, 그렇게 박혀있던 다른 차를 꺼내주고 가려고 할 때 우릴 도와줬던 분들이 푸르공으로 다가왔다.

알고 보니 몽골에선 도와준 이들에 대한 보답으로 술을 주는 문화가 있다며 보드카 한 병을 줘야 할 것 같다고 설명해주기에 흔쾌히 그러자고 했는데, 그분들은 보드카뿐 아니라 우리의 마트 봉투를 뒤적여보더니 사이다도 한 통 가져가려 했다. 술 한 병이면 된다더니 욕심내는 건가 싶었으나 진흙탕에 처박혀 우리끼리 보드카와 사이다 마시며 밤을 지새우는 것보다 그냥 기분 좋게 주고 다음 장소로 이동하는 게 훨씬 낫겠다는 생각에 얼른 드린 후 우린 온천으로 향했다.

분명 안 좋았지만 좋았던
쳉헤르 온천

급변하는 몽골의 날씨를 온몸으로 때려 맞아 멘탈이 살짝 나간 상태로 쳉헤르 온천이 있는 리조트에 도착했다. 몸부터 녹이기 위해 난로와 온돌로 게르 안을 따뜻하게 만들고 차 한 잔 마시려 유자차를 찾았는데, 차가 보이질 않았다. 우리가 한국에서 각자 챙겨온 반찬과 라면, 각종 차까지 모두 첫날 한 봉지에 모아놨건만 아무리 찾아도 그 봉지만 보이질 않아 바츠카에게 짐을 덜 내린 것 같다고 찾아봐달라고 얘기했는데, 확인 후 다시 돌아온 그녀의 대답은 청천벽력 같았다.

"기사님이 쓰레기인 줄 알고 버리셨대요."

"우리한테 물어보지도 않고?"

그거 다 한식인데… 심지어 뜯지 않은 새 제품들이 대부분인데, 그걸 어떻게 쓰레기로 오해했다는 건지 이해할 수 없었다.

상황을 정리해 보면 새벽부터 내리던 비로 우리는 밖에 짐만 빼놓고 정신없이 차에 타 물건이 다 실렸는지 확인하지 못했던 거고, 기사님은 짐을 실어주다 어떤 이유에서인지 한식이 담긴 봉지를 쓰레기로 착각해 자기 딴엔 쓰레기 들고 다니지 말라고 처리해주셨다는 건데, 투어 중 일행들과 나눠 먹으려 캐리어에 없는 공간 만들어가며 챙겨온 음식들을 이렇게 허무하게 잃어버리니 충전되고 있던 멘탈이 다시 방전되는 만큼 몸속 깊은 곳에서부터 화가 치밀어 오르고 있었다.

왜 우리에게 확인 한 번 하지 않고 마음대로 버리신 건지 생각하면 할수록 화가 났지만, 그렇다고 진흙탕에 빠진 우리를 구해주겠다고 옷 다 버려가며 한 시간 넘게 고생한 기사님께 다시 4시간 돌아가 보따리 가져오라고는 못하겠기에 그 음식들은 우리에게 먹힐 운명이 아니었다고 생각하기로 했는데, 문득문득 떠오르는 건 어쩔 수 없는 일이었다. 물론 기사님도 자신의 실수였음을 알게 된 후 우리에게 라면을 사주겠다고 했다는데, 같은 걸 구할 수도 없거니와 그만큼 그가 우리에게 미안해하고 있다고 하니 우리도 이쯤에서 묻어버리고 온천에 들어가 모든 걸 녹여내기로 했다.

문이라는 게 별도로 없는 탈의실과 샤워장에서 옷을 갈아입고 약하게 틀어진 샤워기를 통해 흘러나오는 미온수로 간단히 샤워를 마친 후 모든 걸 내려놓고 공용탕에 들어갔다 생각했으나, 먼저 와 있던 사람들의 행동에 더 떨어질 것도 없던 기분이 바닥을 뚫고 내려가려 하고 있었다. 아무리 외국이라지만 탕 안에서 담배 피우는 사람, 때 미는 사람, 수영장에 온 듯 물 튀기며 노는 아이들, 온천물을 마시고 다시 물 안에 뱉어내는 아이 하며 대형 스피커를 가져와 술에 취해 음악을 귀가 찢어질 듯

크게 틀고 춤추는 사람들까지….

　이건 문화가 다른 게 아니라 그냥 개념이 없는 것이었고, 자리를 옮기려다 계단에서 미끄러질 뻔하기까지 하자 안전에도 미흡하다는 사실이 날 더 당황스럽게 만들었다. 심지어 내 뒤에 오던 창림언니는 결국 같은 자리에서 넘어졌는데, 주변에 있던 직원들 중 그 누구도 다가와 상태를 체크하지 않았다.

우리는 그저 숲속 온천에서 가볍게 맥주 마시며 쉬다 가고 싶었을 뿐
이었는데, 그것이 큰 기대라도 되는 것처럼 기본적인 매너조차 갖추지
않고 행동하는 이들을 보며 예민해지지 않을 수 없었다. 돈을 조금 더 주
면 프라이빗 탕을 이용할 수 있다는 말에 온천 직원에게 우리끼리만 사
용할 수 있는 탕을 준비해달라 요청했으나, 얘기하고 30분이 지나도록
물을 받지 않는 것을 보며 아무리 주변 풍경이 좋다 해도 정신건강을 위
해 여기 더 있을 수 없겠다며 온천욕을 마무리 지었다.

온천을 끝내고 다시 찾은 샤워장에선 더 약해진 수압과 온수라는 건
온천 안에서만 사용 가능하다는 듯한 샤워기 상태에 진짜 졸졸 흐르는
물로 춥게 샤워를 마쳐야 했는데, 온천수 때문인지 몸이 계속 미끄덩
거려 씻긴 했으나 안 씻은 것만 못한 찝찝함을 동반할 수밖에 없었다.

하지만 남자 샤워실은 온수 수압이 좋았다는 얘기를 듣고 추리해 본
바, 다른 샤워기들의 물을 다 잠갔다면 우리 샤워기 물도 잘 나오지 않
았을까 라는 결론에 다다랐다. 샤워장 내 샤워기가 다 틀어져 있던 이
유가 온수 나오라고 틀어둔 배려로 생각했는데, 그날 온천에 있던 사람
들의 행동을 보면 그런 배려를 보일 이가 단 한 명도 없었기 때문이다.

이날 우린 몸도 마음도 지친 상태였기에 그저 쉬고만 싶었으나, 날씨
가 좋아졌다는 말에 밖으로 나가보니 정말 언제 눈이 왔었냐는 듯 맑아
진 하늘에 오후 6시가 마치 낮 12시처럼 느껴졌다. 날이 좋아졌으니 산
책이라도 할까 싶어 게르를 나왔다가, 먼저 나와 산책 중이던 경훈이
를 만나 리조트 내 레스토랑에서 맥주 한잔하고 근처 언덕으로 향했다.

단지 한눈에 이곳의 풍경이 담길 것 같다는 생각에 올라오게 된 거였

는데, 위에는 먼저 올라와 풍경을 감상하던 대웅이가 있었다. 보기와 다르게 힘든 언덕을 헉헉대며 올라가 뒤돌아보니 정말 윈도우 바탕화면에서나 봄법한 풍경이 눈앞에 펼쳐졌다. 그 순간 이날 힘들고 기분 나빴던 감정들이 다 씻겨 내려가는 느낌이었다. 온천만 하고 널브러져 있다 이 풍경을 보지 못했다면 평생 후회할 뻔했겠다는 생각마저 들었다. 힘들게 올라온 만큼 바닥에 앉아 풍경이나 하염없이 보고 가려 했는데, 어느 순간 익숙한 소리가 들린다 했더니 언제 왔는지 바로 뒤에 염소들이 와 놀고 있었다. 물론 내가 다가가자 죄다 줄행랑쳐 함께 놀진 못했으나, 자연 속에서 충분히 힐링 되는 시간을 가질 수 있었다.

언덕을 내려와 다시 숙소로 향하며 처음 올 때와 달리 아름답고 평온해 보이는 온천을 바라보고 있자니 확실히 쳉헤르 온천은 사람이 없거나 조용해야 이곳만의 매력을 100% 느낄 수 있을 것 같았다. 내가 운 나쁘게 여기서 희대의 빌런들을 만나 안 좋은 기억을 남기게 되었지만, 그 덕분에 온천도 타이밍이 중요하다는 것을 알게 되었다.

온천은 숙소에 머무는 동안 무제한 이용이 가능해 한 번 더 들어가 볼까 고민하지 않았던 것도 아니었으나, 애매하게 마른 수영복과 또다시 마주해야 할 온천 전후 개운치 못한 샤워를 생각하니 귀찮아져 포기했다. 다시 들어가 조용한 숲속 온천에 몸을 담그고 나왔다면, 이곳이 좀 더 좋은 기억으로 남을 수도 있지 않았을까?

자연이 만든 예술작품
촐로트 협곡

산 넘고 물 건너 허르거 화산으로 향하던 중 우린 평야 한가운데 세워진 히르기수르를 보자마자 차를 세워 기도드리고 가기로 했다. 투어 첫날부터 몽골에서 보기 힘들다는 비와 눈을 몰고 다니질 않나, 창립언니는 1일 1부상에, 매일 니꺼 내꺼 할 것 없이 제물 바치듯 잃어버리는 물건 하며 오프로드에서 차 빠지고 온천에선 빌런들 만나 제대로 즐기지 못하니 이번엔 왠지 진짜 온 마음을 다해 우리의 여행이 안전하게 마무리될 수 있도록 기도하고 가야 할 것 같은 느낌이었다. 각자 주변에서 세 개씩 주워온 돌을 손에 쥔 채 돌탑에 하나 던지고 소원 빌며 천천히 한 바퀴, 또 하나 던지고 소원 빌며 한 바퀴, 마지막으로 또 그렇게 한 바퀴, 총 세 바퀴를 돈 후 이제 우리 여행에 악재가 없길 바라며 차로 돌아갔다.

그리고 마을 마트에서 라면을 획득했다. 코로나 이후 몽골에서 한국

라면 구하기가 많이 힘들어졌다는 얘기를 들었던지라 제발 한국 라면이 있길 바라며 코너를 돈 우리의 눈에 들어온 건 신라면! 컵라면으론 신라면이, 봉지 라면으론 짜장라면이 있기에 쓸어 담고 보드카와 맥주도 충전해 준 후 쇼핑을 마무리했다. 기도드리자마자 라면이 굴러 들어오다니 돌탑의 기도발이 잘 먹히는 것 같다며 칭찬에 칭찬을 더하고 있을 때, 갑자기 도로 한편에 차를 세우는 기사님.

차에 문제가 생긴 건가 했는데, 그게 아니라 촐로트 협곡에 도착한 것이었다. 처음엔 도로에 차를 세운 줄 알았으나 그 옆으로 시선을 돌리니 그곳은 절벽이었고, 더 가까이 다가가 보니 절벽 아래로 촐로 강물이 흐르고 있었다.

누군가는 촐루트 계곡 또 누군가는 촐로트 협곡이라 부르는 이곳 Chuluutiin Canyon은 화산 폭발로 용암이 지나간 자리에 물이 흘러 협곡이 된 거라던데, 길이는 415㎞, 깊이는 가장 깊은 곳이 50m나 되며 주변이 온통 화강암으로 이루어져 있다고 한다. 그 외에는 더 알고 싶어도 촐로트 협곡에 대한 정보가 나와 있지 않아 찾아볼 수 없었는데, 깎아지른 절벽 아래로 길게 뻗은 강을 보고 있자니 아름다움에 넋 놓고 있다 발을 헛디디기라도 하면 그대로 추락할 것 같은 곳이었다. 생각보다 높이가 꽤 되는 데다 아래쪽을 내려다보면 우리가 딛고 서 있는 바깥쪽 땅이 견고한 느낌은 아니라 갑자기 훅 꺼져도 전혀 이상하지 않을 것 같았고, 그렇게 떨어지면 즉사할 듯했기에 조심 또 조심하는 것만이 안전하게 보고 가는 방법 같아 위험한 행동은 절로 하지 않게 되었다.

원래 몽골에선 이 협곡의 양쪽을 잇는 다리를 만들 계획이 있었다고

169

하던데, 코로나 때문인지 예산 때문인지 불발된 것 같다고 했다. 만일 계획대로 진행된다면 이 멋진 풍경을 더 좋은 각도에서 감상할 수는 있겠지만, 굳이 인위적인 것을 더해 부조화스럽게 가기보다는 지금처럼 자연의 있는 그대로의 모습과 마주할 수 있게 해주길 바라게 되는 곳이었다.

그대로 빨려 들어갈 것 같던
허르거 화산

차를 타고 오는 길에 놓인 돌과 흙은 전부 새까맣던데 정작 허르거 화산 트레킹의 시작점이라는 곳에 도착해보니, 이곳은 푸릇푸릇한 풀들이 넘쳐나는 컬러 세상이었다. 그리고 우리가 서 있는 지점부터 1㎞ 떨어진 곳에 허르거 화산이 있다는 안내판이 있었는데, 널브러진 돌들과 거칠 것 없는 주변 풍경을 보면 걷다가도 자동으로 멈춰 카메라를 꺼내 들게 되기에 오늘 안에 분화구까지 올라갈 수 있을지 걱정부터 들었다.

허르거 화산으로 오르는 길이 험하진 않지만, 경사가 좀 있다 보니 오르는 게 쉽지 않았다. 몽골의 화산들 중 가장 최근에 분화했다는 허르거 화산은 약 8,000년 전 분화한 화산으로, 폭발 당시 생긴 분화구 7개 가운데 가장 온전한 모습을 갖추고 있다고 했다. 화산을 오르다 보면 당시 분화구에서 튄 것으로 보이는 돌들과 화산재가 주위에 많았는데, 그럼에도 불구하고 중간중간 불어오는 바람과 뒤돌아봤을 때 보이는 풍

경, 그리고 화산활동 당시 모든 게 순식간에 흔적도 없이 사라져버렸을
텐데 다시금 새 생명이 자라고 있는 모습은 확실히 시간이 많이 흘렀음
을 알려주는 듯했다.

　먼저 가던 일행들이 멈춰 서면 저기가 정상인가 싶어 힘내서 가다가
또 움직이면 허탈해하길 반복하다 보니, 어느새 허르거 화산 꼭대기에
도착했다. 허르거 화산 꼭대기는 지름이 400m인 분화구를 둘러싸고 있

는 곳이라, 보자마자 이건 오직 자연만이 만들 수 있는 아름다운 예술작품 같다는 생각이 들었다. 여기서 안쪽으로 조금만 몸을 기울이면 보이는 바닥 한가운데 풍혈 같은 곳이 20~30년 전까지만 해도 물이 꽤 많이 고여있던 화산 호수였다는 사실은 실로 놀라웠다. 우리나라의 한라산 백록담과 비슷한 곳이라고 보면 될 것 같은데, 지금은 고여있던 물이 증발해 얼마 남지 않은 모습이었다.

앞으로 다시 몇 년이 지나면 그땐 물이 있었던 흔적조차 사라질는지 모르겠으나 파노라마로 찍어도 화산의 전체 모습이 온전히 다 담기지 않고, 분화구 옆에 선 사람이 개미만 한 크기로 보이는 데다 호수를 계속 쳐다보고 있으면 빨려 들어갈 것 같은 느낌을 받았다. 자연은 정말 인간이 범접할 수 없는 영역인 것 같다는 생각이 다시 한번 들었는데, 그러면서도 괜한 호기심에 분화구 둘레를 한 바퀴 돌면 시간이 얼마나 걸릴지 궁금해졌다. 하지만 여길 다 도는 데 걸리는 시간보다 먼저 꺼질 체력이 걱정돼 굳이 실행에 옮기지는 않기로 했다. 보존이 잘 된 8천 년 된 사화산이면 보호되어야 할 구역임에도 불구하고 주변을 보호해주는 게 따로 없어, 여기서 괜한 궁금증을 해소하려다 나나 허르거 화산 둘 중 하나라도 다치면 문제가 될 수도 있을 테니까.

178

그 해, 몽골

호수 같지 않은 호수
테르히 차강호수

차가 뒤로 미끄러져 내려가는 게 아닐까 싶을 만큼 경사가 높은 언덕 꼭대기에 다다랐을 때 창밖을 바라보다 내가 외친 한마디는 "와, 바다다!"였다.

분명 우리가 가는 곳이 테르히 차강호수라는 걸 알고 있었는데, 물을 보는 순간 바다라 소리치는 나를 보며 이 말이 뇌를 거치고 나온 건지 안 거치고 나온 건지 판단할 수 없었다. 뇌를 거쳤다면 저것은 내 머리에 들어있는 데이터들을 종합해 본 결과 바다일 거라고 판단했기 때문에 그 단어를 내뱉은 것일 테고, 뇌를 거치지 않았다면 단순히 눈으로만 봐도 저것은 호수가 아니라 바다로 보였기에 그렇게 내뱉어진 것이라 생각되었다.

여행을 준비할 땐 몽골에 온천이 있다는 것도 믿기지 않았는데, 호수가 있다니. 근데 그 호수가 바다만 하다니. 정말 두 눈으로 보면서도 믿기지 않았다.

"정말 여긴 우리가 알던 몽골이 아니구나."

일단 숙소로 먼저 들어간 우린 둥근 게르, 세모난 게르, 둥글넓적한 게르 등 다양한 모양으로 개조된 게르들 중 어디에 묵을지 정하고 짐부터 풀었는데, 풍족한 장작과 귀한 낙타털 이불에 설레던 것도 잠시, 전기가 나가 신식 화장실과 샤워실 이용이 불가하다는 얘기를 듣게 되었다. 구식 화장실은 문을 여는 순간 내 정신이 유명을 달리할 것 같다는 생각이 들어 한참 고민하다 마냥 참고 있을 수만은 없어 다녀왔는데, 최악까지는 아니었지만 그래도 반쯤 나가버린 혼을 부여잡기가 힘들었다.

테르히 차강호수의 정식 명칭은 '테르히 차강노르'지만 노르가 '호수'

라는 뜻인지 우리나라에선 테르히 차강호수로 더 많이 불리는 이곳은 워낙 커 게르에서도 바로 보일 만큼 가까이에 위치해 있었고, 그 부근에 자리한 야크들은 호수의 잔잔한 물결만큼이나 평화로운 시간을 보내고 있었다. 우리의 등장이 그들을 놀라게 한 것인지 갑자기 흩어진 야크들로 인해 호수는 본의 아니게 우리 차지가 되어버렸는데, 그들이 남기고 간 큼지막한 똥들만이 야크가 이곳에 있었다는 사실을 알려주고 있었다.

너무 멋진 풍경과 함께 풍겨오는 똥 냄새. 그 냄새 때문에 이 멋진 풍경을 포기하는 건 있을 수 없는 일이라 여겨졌기에 여기선 그냥 후각을 잃어주기로 했다. 후각을 잃을 용기를 내자 몽골의 아름다움은 배로 다가오는 듯했는데, 몽골 사람들이 물을 귀하게 여기고 신성시해서 그런가 여긴 물이 너무나도 맑아 호수 아래가 다 비쳐 보였다. 이러니 동물들도 마음 놓고 마시고 그렇게 마셔도 탈이 안 나는 것 같았다. 그런데 아무리 봐도 이게 어딜 봐서 호수라는 건지 번역이 잘못된 거거나 몽골 사람들이 호수의 뜻을 모르는 게 아닐까 라는 의문을 지우지 못하는 나와 달리 남들이 뭐라 부르든 자긴 상관없다는 듯 호수는 제 몫의 아름다움을 맘껏 뽐내고 있었다.

정말 신기한 건 선이 있는 것도 아니건만 한 곳은 바닥이 초록 초록하고, 한 곳은 자갈이 좌르륵 깔려있어 약간만 각도를 달리해도 전혀 다른 느낌의 풍경이 펼쳐져 눈과 발을 떼기 힘들게 만들었다는 거다.

호수를 한눈에 보려면 높은 곳으로 올라가야겠단 생각에 옆에 있던 돌무더기 언덕으로 향했고, 언덕 중턱까지 올라 자리를 잡고 홀로 풍경

감상에 들어갔다. 바람 소리를 배경음악 삼아 풍경을 바라보니 이런 호수는 연출해내기도 힘들겠다는 생각이 들 때쯤 일행들이 모여 있는 바위가 보였다. 그곳에도 호수를 보며 멍때리기 좋은 맞춤 1인석이 있다는 것을 알게 되어 홈이 파인 공간으로 들어가 앞쪽은 녹색빛을, 뒤쪽은 파란빛을 띠는 신비로운 호수를 바라보며 잠시 힐링하다 바위에서 내려와 이번엔 모랫길로 걸어갔다.

　높은 곳에서 호수를 바라볼 때 테르히 차강호수 사이로 모랫길이 만들어져 있는 걸 볼 수 있었는데, 그 길이 의외로 넓고 모래가 높게 쌓여 있어 호수 앞에서 마을 쪽을 바라보면 그 반대편 호수가 보이지 않았다. 분명 마을로 가기 전 호수가 있으니 보여야 하는데, 그 넓은 호수가 조금도 보이지 않아 모래와 초원으로만 이루어진 공간처럼 보인다는 게 그저 신기한 마술 같았다.

일행들과 이야기를 나누다 해가 지기 전 가장 좋았던 풍경을 다시 한 번 보기 위해 이번엔 대웅이와 함께 언덕을 올랐다. 이번엔 중턱이 아니라 꼭대기로. 위치상 바람이 무척 강하게 불어오긴 했으나 훨씬 더 막힘 없이 넓게 퍼져있는 호수를 보고 있자니 그 매력에 흠뻑 빠져들 수밖에 없었는데, 여기에 음악까지 함께하자 남은 기간 어딜 가도 이곳만큼 내 마음을 꽉 채워줄 풍경을 보지 못할 것 같다는 생각이 들었다.

숙소로 돌아와 전기가 들어왔다는 희소식을 접하고 순서대로 신식 샤워실로 들어갔는데, 구비된 건 모두 새것 같았으나 우리나라와 다른 구조의 온수 조절기 사용법을 제대로 이해하지 못한 몇몇 멤버들은 이것저것 누르고 돌려보다 결국 덜덜 떨면서 샤워를 마치고, 게르 내 화목난로 앞에 앉아 몸을 덥히다 별들을 맞이해야 했다.

우리야 별을 보러 몽골에 왔으니 늦은 밤까지 눈에 불을 켜고 있지만, 몽골 사람들은 늘 보는 하늘이어서 그런지 별로 신경 쓰지 않고 일찍 잠드는데, 늦은 밤 난로가 꺼졌으니 다시 켜달라고 직원을 부를 수는 없었기에 우린 삼틀기 진끼지 난롯불을 유지하기 위해 20분 간격으로 알람을 맞춰놓고 한 사람씩 나무를 넣으러 게르에 들락거리며 별을 봐야 했다. 그런 번거로움을 견디면서까지 별을 본 이유는 이날이 홉스골 투어 와서 처음으로 별을 본 날이기도 했고, 몽골의 밤하늘이 봐도 봐도 질리지 않을 만큼 아름다웠으며, 홉스골은 고비와 달리 빛이 많고 우리가 갔던 때 날씨가 좋지 않아 여행 내내 별을 보기 쉽지 않을 것 같다는 예감 때문이었다.

이날은 여느 때보다 밤하늘의 별과 은하수를 바라보며 나누는 이야기가 더 재미있었는데, 창림언니의 "다들 마지막 연애가 언제였어?"로 시작된 이야기는 공식적으로는 새벽 1시 반에 종료되었지만, 비공식적으로는 새벽 4시가 넘어서야 종료될 만큼 흥미진진했다. 얼마나 재미있었으면 마지막 장작 넣는 시간을 놓쳐 자러 들어갔다 잠시 나온 대웅이를 잡아 난롯불 살리기에 들어가야 했고, 힘겹게 살려놓은 불씨로 다시 따뜻해진 게르 안에서 불멍과 함께 장작 타는 소리를 배경음 삼아 깊고 깊은 이야기를 나누다 또 불을 꺼트리는 바람에 게르 안에 냉기가 돌기 전 잠들기 위해 급히 이불 속으로 들어가야 했다.

난롯불 좀 꺼졌다고 급격히 식어가기 시작한 게르 안 공기로 인해 가영이와 난 두 시간도 채 되지 않아 추위에 떨며 일어나야 했지만, 다행히 일찍 일어나 직원분께 양쪽 난로를 켜달라고 요청한 경훈이 덕분에 다시 따뜻해진 게르 안에서 우린 얼어 죽지 않고 살아남을 수 있었다.

동화 같은 낭만을 보여준
신이데르 캠핑

어떻게 해서든 자연과 하나 되는 캠핑에서 별을 보려는 자들과 알 바 아니라는 듯 우리만 겨냥해 따라붙는 먹구름. 마치 세기의 대결이라도 하듯 장시간 대치 상태에 심장 쫄리게 만들던 이 대결의 승자는 다행히도 별을 보려는 자들이었다.

해발고도가 높아서 그런지 그냥 날씨 변덕이 죽 끓듯 한 건지 모르겠으나 시시각각 바뀌는 날씨와 싸워가며 이동하던 중 비가 그치고 어느 정도 홉스골과 거리가 가까워졌다고 생각됐을 때, 기사님은 숲으로 경로를 틀어 바람의 방향과 세기를 살펴 가며 이날 우리가 머물 자리를 찾아주셨다. 주변을 둘러보니 나무들이 적당히 자라있어 바람을 막아줄 것 같긴 한데, 욜린암 캠핑 때와는 달리 시야가 막혀있는 느낌이었다.

그때 허허벌판에 보이는 거라곤 멋들어진 능선과 우뚝 솟은 우리의 텐트 그리고 푸르공이 전부였는데, 캠핑 장소가 비슷할 거라 생각했던

난 전혀 다른 느낌의 장소에 약간 실망했다. 하지만 이쪽에 텐트를 치고 화장실은 좌측 나무들 사이를 이용하면 되겠다는 일행들의 말에 더 이상 비교하지 말고 이곳에서의 캠핑도 좋은 추억으로 만들어봐야겠다는 긍정적인 생각을 해보려 했으나, 자꾸 시야에 들어오는 똥 때문에 긍정 마인드를 갖기가 힘들었다.

분명 주변에선 양과 염소 울음소리밖에 들리질 않는데, 야크 똥보다 더 큰 똥들이 지천에 깔려있으니 도대체 이 똥의 주인은 누구냐며…. 차에서 내리자마자 온통 똥 밭이라 식겁했을 정도인데, 기사님과 바츠카는 이런 우리의 반응에도 아랑곳하지 않고 짐을 내리고 있었고, 우리 중텐트 칠 줄 아는 사람이 없다는 이유로 기사님은 직접 텐트도 쳐주셨다. 우린 그 옆에서 기사님을 도우면서도 자는 곳 옆에 똥 있는 게 싫다며 위치를 조금 옮겨달라고 했는데, 몽골 사람들은 동물들이 풀을 먹고 싸는 똥을 더럽게 생각하지 않는다며, 텐트 대신 그 똥을 집어 들곤 다른 쪽으로 투척해 우릴 식겁하게 만들었다.

캠핑할 때 우리야 텐트를 사용하지만 기사님은 푸르공에서 주무시고, 가이드 또한 푸르공 짐칸에서 잠을 자야 해 불편할 텐데도 두 분 다 전혀 불평불만 없이 한 사람은 저녁을 만들고 또 한 사람은 우리가 편히 잘 수 있도록 텐트를 쳐주셨다. 우리가 잠자리 정돈을 마무리하는 사이 저녁밥이 완성됐다. 진짜 찐 자연 속에서 먹는 라면 사리가 들어간 부대찌개였다. 여기에 소주가 빠질 수 없다며 반주를 시작한 우린 밥맛에 취하고 술에 취하고 풍경에 취해 해가 저물기만을 기다렸다.

몽골은 적어도 밤 9시는 넘어야 해가 지다 보니 하늘이 보랏빛으로 물들어갈 즈음 우리가 캐리어에 달아둔 조명들도 조금씩 빛을 발하기 시작했다. 그 시간에 맞춰 기사님은 주변에서 나뭇가지들을 주워와 탑을 쌓고 푸르공으로 가서 기름을 뽑아오더니 방탄소년단의 노래 '불타오르네'가 절로 나올 정도로 불을 질러버리셨다. 이후 불씨를 조금 더 키워주시곤 이제 이걸 지키는 건 너희들의 몫이라는 듯 유유히 사라지셨는데, 그게 밤 10시도 안 된 시각이었다.

초저녁 느낌의 숲속에 앉아 불이라곤 모닥불과 캠핑 조명 달랑 두 개에 의지한 채 우린 이야기보따리를 풀어나갔다. 모닥불 주변에 앉기만 하면 연기가 앉은 방향으로 불어와 눈물 콧물 흘리며 자리 이동을 반복하는 사이 날씨는 점점 추워지고 밤하늘의 별들은 하나 둘 그 모습을 드러냈다.

우리밖에 없는 숲속에서 유미의 '별'과 박보검의 '별 보러 가자' 같은 잔잔한 음악을 깔아놓고 떠오르는 별들과 눈 맞추기 시작한 지 얼마나 지났을까? 호일로 감싼 감자가 모닥불 안에서 노릇노릇하게 구워졌다. 그 옆에 옹기종기 모여 조금 불편한 자세로 고개를 젖히고 별을 바라보던 우린 무수히 많은 별들 속에서 갑자기 강한 빛을 내뿜으며 초고속으로 떨어지는 별똥별과 우리 눈에 그대로 들어와 박히는 별들의 아름다운 모습에 빠져 결국 캐리어를 끌고 와 그 위에 누워 한참 또 별을 바라보다 입이 돌아가기 전 모닥불을 끄고 잠을 자러 들어갔다.

지난 욜린암 캠핑 때 밤새 추웠던 경험을 되풀이하고 싶지 않아 이번엔 양말 위에 수면양말 신고 옷도 히트텍 위에 얇은 티 하나, 기모 후드 티 하나, 경량 조끼에 후리스 입고 그 위에 야상까지 입은 후 담요 두 개 올리고 침낭 속에 들어가 핫팩을 발밑, 허벅지 옆, 명치 위, 주머니 속까지 여기저기 뿌렸는데, 그래서 그런가 몸이 뚱뚱해져서 침낭 지퍼를 닫지 못할 뻔했다. 그렇게 껴입고 잤는데도 살짝 추운 감이 없지 않았던 나와 달리 나보다 더 추위를 잘 타는 가영이는 이전 경험(8월 말 고비사막 투어)이 거의 시베리아 추위와 다를 바 없었다며 캠핑만을 위해 캐리어를 꾸려왔다더니 정말 목도리에 털모자, 장갑까지 끼고 잤다. 그녀는 완전 무장하고 잔 데다 핫팩도 침낭 안에 나보다 더 많이 터트려놔 이전 캠핑 때보다 훨씬 따뜻하게 잘 수 있었다고 흡족해했다. 반면, 경훈이와 대웅이는 그렇게까지 하지 않았음에도 생각보다 안 추웠다고 하는 걸 보면 추위도 사람마다 다르게 느껴지는 것 같았다.

땅의 찬 기운을 고스란히 받으며 일어난 아침, 몽골의 유목민들은 얼마나 부지런한 건지 벌써 숲속까지 말을 몰고 왔다는 소리에 말 한 번

보겠다고 그 무리를 찾아 나선 나와 경훈이. 일행들이 말을 봤다는 곳으로 반신반의하며 들어가니 진짜 그곳에 말이 있었다. 우리의 작은 발소리에도 화들짝 놀라 도망갈까 조심조심 다가가며 카메라를 들이대다 바닥에 누워있는 말 한 마리를 발견했다. 설마 죽은 건가 싶어 카메라로 확대해보니 그 말은 전혀 미동이 없었고, 뜬금없게도 그 앞에 있던 백마가 경계심을 풀고 똥을 싸기 시작했다. 아침부터 못 볼 꼴 보고 경악하는 내 소리에 화들짝 놀라 달아나는 말들. 죽은 줄 알았던 말도 갑자기 일어나 반대편으로 움직이기 시작했고, 그제야 난 초원에 그 많던 똥의 주인이 말이었다는 사실과 백마 뒤쪽으로 흑마들이 더 있었다는 사실을 알게 되었다.

몽골 여행 중 숲에다 양과 염소를 풀어둔 모습은 몇 번 봤지만, 말을 풀어둔 건 처음 본 광경이라 뭔가 동화 속에서나 나올 법한 그림 같은 풍경이 신기하면서도 신비롭게 느껴졌다. 자다 일어나 기지개를 켜고 발삐끗하며 달려나가는 말을 언제 어떻게 또 보겠나 싶어 한참을 구경하다, 우리도 슬슬 일행들이 있는 곳으로 돌아가기로 했다.

189

캠핑을 하면 생각지도 못했던 특별한 구경을 많이 하게 되는데, 그건 정말 몽골이기에 가능한 것 같다. 욜린암 캠핑 때와는 사뭇 다른 분위기로 사뭇 다른 경험을 하게 해준 신이데르. 처음 도착하자마자 욜린암이랑 비교하고 마음대로 실망한 것과 여긴 여기 나름의 매력이 있는 곳인데 똥 밭이라고 구박한 것, 그리고 나의 숲에 애네가 와서 똥 싼 게 아니라 애네 똥 밭에 우리가 와서 먹고 잔 건데 주객이 전도됐었다는 사실에 조금 미안한 마음도 들었다. 그래도, 빨라야 하루 만에 적응할 수 있는 크기의 똥들이 지천에 널려 있어 놀랄 수밖에 없다는 사실은 인지하고 가면 좋을 것 같다.

얼음을 품은 아름다운 호수
홉스골

    숙소로 가는 내내 우측에 펼쳐진 크고 넓은 바다와 같은 홉스골을 보는 순간 눈을 씻고 다시 한번 바라봤을 정도로 믿기지 않는 호수의 규모에 놀라움을 감추지 못했다. 앞서 보고 온 테르히 차강호수는 감히 견줄 바가 되지 못했고, 우리가 보고 있는 게 정녕 신기루가 아닌지 의심될 정도였다.

    이 멋진 풍경이 바라다보이는 곳에서 2박을 할 예정이라니 여기선 그냥 한 달 살기를 하래도 잘 할 수 있을 것 같다는 생각마저 들었는데, 숙소에서 한 번 더 우릴 놀라게 한 건 주인아저씨였다.

    차에서 내리며 "센베노~" 하고 몽골어로 인사하는 우리에게 "하이~" 하고 답해주신 아저씨는 영어만 하시는 줄 알았는데, 한국어도 조금 할 줄 안다고 하셨다. 대화를 나눠보니 조금이 아니라 우리와 농담을 할 정도로 유창한 실력을 가진 분이셨는데, 주인아저씨는 코로나가 터지고

관광객이 줄어들자 코로나가 끝난 후 다시 올 관광객들을 맞이하기 위해 그동안 한국어 공부를 하고 계셨다고 했다. 그렇게 열심히 공부해 진짜 우리가 왔을 때 대화를 나눌 수 있게 된 거니 얼마나 멋진 일이냐며.

우리가 코로나 이후 처음 온 손님이라고 엄청 반겨주고 챙겨주시는 모습에 우리의 잃어버린 2년이 더 슬프고 짠하게 느껴졌으나, 우리가 묵는 동안 우리 외에 외국인 손님은 없을 거라는 말에 은근 기분이 좋아지기도 했다.

우리나라 사람들은 고비를 더 많이 가지만 홉스골은 유럽인들이 많이 찾는 곳이라 코로나 전엔 조용한 홉스골을 상상하기 힘들었다고 할 정도였으니, 우린 특별하게도 조용한 홉스골을 보고 갈 수 있게 된 거였다. 이틀간 묵게 될 게르를 배정받고 가볍게 짐 정리를 한 후 샤워장으로

향한 우린 온수가 콸콸 나오는 곳에서 전날 캠핑으로 언 몸을 녹여줬는데, 나름 잘 갖춰진 샤워장의 퀄리티에 만족한 것도 잠시. 온수가 잘 나오다 갑자기 냉수가 쏟아지기 시작했다. 거의 샤워가 끝날 무렵이라 부랴부랴 마무리 짓긴 했지만, 너무 당황스러워 온수가 나오지 않는다는 얘길 주인아저씨에게 하니 온수를 많이 사용하면 다시 물을 데우기 위한 시간이 필요하다고 했다. 줄지어 씻던 우린 다시 물이 데워지길 기다려야 했고, 먼저 샤워를 마친 이들은 각자 자유시간을 즐기기 시작했다.

우리가 묵는 곳엔 자전거도 있고 해먹도 있고 홉스골을 바라보며 쉴 수 있는 벤치와 야외 테이블도 있었으나, 내부에서 놀 시간은 많을 듯해 날이 좋을 때 홉스골 산책을 하러 나섰다. 길게 뻗은 길을 바라보며 어느 방향으로 움직일지 고민하다 이미 좌측 길 산책을 마치고 온 대웅이를 만나 같이 홉스골 주변으로 동물들이 있을 만한 곳을 찾아 들어가니 야크들이 쉬고 있는 게 보였다. 주변에 양과 염소들은 보이질 않아 우리 또한 한 마리의 야크가 되어 야크들과 놀아주기로 했다. 이미 한창 낮잠 자고 풀 뜯어 먹을 시간인 야크들에게 우리의 등장이 위협으로 느껴지진 않을까 조심스레 접근하다 보니 그들에게 다가가기까지 꽤 오랜 시간이 걸렸는데, 거의 '무궁화꽃이 피었습니다'와 '얼음땡' 놀이를 같이 하는 수준이었다.

큰 야크들은 뿔이 있어 우릴 적으로 보고 들이받을까 무서워 감히 접근하지 못하겠기에 우리가 노린 건 새끼 야크들이었다. 다행히 잠에 취해있던 야크에게 다가가는 데 성공한 우린 졸다가 깬 야크들의 어리둥절한 모습과 다시금 잠에 빠져드는 모습을 눈앞에서 관찰하는 즐거움

을 맛볼 수 있었다.

　밤새 뭘 하고 놀았는지 따스한 햇살 아래에서 꾸벅꾸벅 졸기만 하기에 이번엔 진도를 조금 더 나가 살포시 만져보려 팔을 뻗었는데, 나의 움직임에 화들짝 놀란 야크가 일어나 다른 곳으로 이동해버렸다. 공들여 다가갔는데 너무 욕심부렸나 싶어 급 우울해졌지만, 후회만 하다 여기서 끝내기엔 너무 아쉽기도 하고 괜히 내가 만져보겠다 해서 대웅이는 야크 한 번 쓰다듬어보지 못했기에 다시 그 녀석에게 다가가 보기로 했다. 그렇게 또다시 시작된 우리의 게임 '무궁화꽃이 피었습니다'. 한 번 해봤다고 두 번째는 조금 수월했는데, 우리의 노력이 가상했던지 새끼 야크도 더 이상 우릴 피하지 않고 곁을 내어준 덕분에 나와 대웅이 모두 그 녀석의 머리를 쓰다듬며 교감할 수 있었다.

　우리는 새끼 야크와 헤어진 후 반대편으로 발길을 돌렸다. 그냥 야크 무리에서 반대편으로 걸어 나온 것뿐인데, 상반된 분위기의 이곳은 풍경이 정말 아름다웠다. 하지만 그 아름다움과 별개로 작디작은 날벌레들과 함께 올라오는 똥 냄새는 여기에서도 어떻게 할 수가 없었다. 게다

가 여기가 딱딱한 평지가 아니라 밟으면 엠보싱처럼 푹푹 들어가 잘못
하면 신발이 진흙 범벅이 될 것 같아 걷는 내내 주의해야 했다. 신경 곤
두세우고 이동해 도착한 길은 멀리서 볼 때 얼음이라는 착각을 불러일

으킬 만큼 하얀 조약돌들이 만들어낸 길이었다. 우리가 착각한 얼음은 호수 옆에 진짜 눈과 함께 쌓여있었는데, 물이 어찌나 맑은지 규모로 보나 맑기로 보나 세계 상위 1%라는 명성이 괜히 있는 게 아닌 것 같다고 느껴질 정도였다.

하지만 여기에선 테르히 차강호수와 달리 호수를 한눈에 내려다볼 수 있는 곳을 찾기 힘들어 조각난 얼음과 맑디맑은 물을 가지고 촉각 놀이 한 번 해주고, 앞서거니 뒤서거니 하는 일행들 불러 모아 이국적인 느낌의 사진을 찍어주는 것으로 감상을 대신해야 했다. 이후 안쪽까지 이어진 길을 따라 조금 더 들어가니 우측으론 숲이 좌측으론 호수가 길게 펼쳐졌는데, 여기에 얼음까지 깔린 홉스골의 풍경은 그 어디에서도 찾아보기 힘든 풍경일 것 같았다.

게르 주인아저씨 말에 의하면 며칠 전까지만 해도 호수가 꽝꽝 얼어있었는데, 우리가 오기 바로 전날 얼음이 호수 아래로 쑥 내려갔다고 한다. 호수가 얼었다 녹을 땐 쩌저적 갈라지거나 조금씩 녹는 게 아니라 한 번에 가라앉아버린다는 사실이 신기했다. 그 광경을 보지 못한 게 조금 아쉽긴 했지만 그래도 5월 말, 얼음이 주변에 깔린 호수를 볼 수 있다는 게 얼마나 특별한 일인지.

딴 세상에 와있다는 착각을 불러일으키는 홉스골은 여기가 몽골이라는 느낌보다 유럽 같다는 느낌을 더 강하게 주고 있었다. 숲길을 가로질러 밖으로 나가는 길, 바닥에 떨어져 발에 밟히는 나뭇가지 소리가 마음을 차분하게 만들어 주었다.

자연과 하나 되는
숲속 승마트레킹

승마 한 시간과 모터보트 타고 홉스골 가로질러 섬에 들어가는 일정이 전부였던 날.

남는 시간에 호숫가에 돗자리 깔고 누워 책이나 읽을 생각이었는데, 비 때문에 그 무엇 하나 하지 못하고 오전을 다 흘려보낸 후에야 비가 그쳤다는 소식을 듣게 되었다. 하늘엔 여전히 먹구름이 가득했지만, 이 정도라면 체험 진행이 가능하다고 했다. 잠시 후 트레킹 준비가 완료되었다는 얘기를 듣고 밖으로 나가니 주인아저씨가 승마 모자와 다리 보호대를 꺼내놓고 우릴 기다리고 있었다. 아저씨는 혹시 모를 부상을 염려해 모자는 품질 좋은 걸로 한국에서 주문하고, 다리 보호대는 부상과 말의 털이 바지에 묻는 것을 방지하는 차원에서 직접 복사뼈부터 무릎까지 오는 사이즈로 제작했다고 하셨다. 주인아저씨의 세심함에 감탄하며 보호대 착용을 마친 후 우린 말이 대기하는 곳으로 걸어갔다.

 승마와 모터보트 둘 다 오랜 시간이 걸리는 체험은 아니라 오후 반나절 안에 충분히 다 하고 올 수 있을 것 같았다. 하지만 홉스골의 얼음이 녹은 지 얼마 되지 않았다는 안전상의 이유로 정부에서 보트 사용 허가를 내주지 않아 모터보트 체험은 불가능하다고 했다. 그럼 그 시간을 승마에 쓸 수 있냐고 물으니 세 시간짜리 승마트레킹이 가능하다기에 숲속으로 들어가 산을 타고 오르는 코스로 가보기로 했다. 유목민 아저씨가 말과 우릴 짝지어주는 동안 게르 주인아저씨는 옆에서 승마 시 주의해야 할 사항을 일러 주셨다. 말에 탑승하기 위해서는 반드시 왼쪽에서 접근해야 하고, 말 뒷발에 차이고 싶지 않으면 절대 뒤로 가선 안 된다는 것. 말 위에서 큰소리를 내거나 심하게 움직이면 말이 놀랄 수 있으니 조심해야 하고, 말의 고삐는 꼭 잡고 있어야 한다는 것. 그리고 등자에 발은 30%만 끼워 낙마 시 발부터 빼라는 것과 소지품은 분실되지 않도록 주머니에 넣고 지퍼를 닫아주는 게 좋으며, 무게중심이 한쪽으로 쏠리지 않도록 조심하라는 것 등이었다.

모두 말에 탑승하자 유목민 아저씨는 우리가 탄 말의 고삐를 잡고 출발했다.

한 시간에 걸쳐 올라가면서 크게 무섭다는 생각이 들지 않았던 건 정말 산책하듯 걸었기 때문이었다. 산 중턱에 도착하자 유목민 아저씨는 말과 우리에게 자유시간을 주셨는데, 여기에서 숲 너머로 보이는 파란 물줄기가 홉스골이라는 사실을 인지하는 데는 그리 오래 걸리지 않았다. 좌측은 홉스골뷰, 우측은 마운틴뷰, 아래쪽은 숲뷰였기에 어딜 둘러봐도 경치가 좋을 수밖에 없는 구조였다. 날씨만 좋았다면 쩽한 느낌의 사진들을 건졌을 텐데, 그렇지 못한 상황에 아쉬워하고 있을 때 경훈이가 포토 스팟을 찾기 시작했다. 여기 어디서 찍은 사진을 봤는데 그 위치를 정확히 모르겠다기에 다 같이 사진을 보며 위치 찾기에 나섰고, 유목민 아저씨의 도움을 받아 정확한 위치를 찾아낼 수 있었다.

막상 다가가 보니 살짝 위험해 보이긴 했지만, 그곳에서 풍경을 내려다보니 괜히 겁먹고 안 왔다면 그걸 더 후회할 뻔했다는 생각이 들었다. 여기에선 나무들의 성장이 다 비슷한 것도, 키가 다 고만고만한 것도 아닐 텐데 자연의 힘인지 아니면 사람이 손을 댄 건지 키를 아주 반듯하게 맞춰놔 너무 깔끔하게 여기까진 숲, 여기부턴 호수, 여기부턴 육지, 여기부턴 하늘이라고 구분되어 있다는 게 그저 놀랍고 신기했다.

사실 말을 타고 등산한다고 해서 경사진 곳은 어떻게 갈지, 험한 산이라면 낙마의 위험이 크진 않을지 걱정했는데 생각보다 경사지지도 않았고, 말은 잘 훈련되어있어 우리가 놀라게 하거나 고삐를 놓치지 않는 한 다칠 일은 없어 보였다. 다만 조금만 틈을 보이면 정렬을 틀어버리고, 혼자 가게끔 고삐를 놔주면 앞으로 나아가기를 거부하는 말들로 인해 유목민 아저씨가 우리 일행들의 말을 다 이끌고 가는 게 힘겨워 보였다. 그러나 아저씨 손에만 잡히면 아주 온순해지는 말들을 굳이 혼자 타겠다며 나설 필요는 없어 보여 우린 그저 유목민 아저씨가 이끄는 대로 말과 한 몸이 되어 움직일 뿐이었다.

돌아올 땐 날씨가 좋아져 주변 숲을 조금 더 둘러보고 왔는데, 유목민 아저씨도 지루하셨던지 살짝 속도를 내기 시작하셨다. 우린 안장에 엉덩이를 튕기며 같이 달려나가다 나무들 사이로 홉스골이 모습을 드러내자, 바다를 마주할 때 느끼는 시원함과 함께 답답했던 속이 뻥 뚫리는 듯한 해방감을 느낄 수 있었다.

호숫가를 따라 달리던 우린 나무 기둥에 다리가 걸려 놀란 말 위에서 낙마할 뻔했던 가영이와 그녀를 도우려 말의 고삐를 놓지 않고 꽉 쥐고 있다 피를 본 대웅이 때문에 깜짝 놀랐다. 둘 중 한 명이 낙마했을 수도 있었을 정도로 큰일 날 뻔한 상황이었다. 말에 타고 있을 때 말이 놀라 펄쩍 뛴다면 말에 탄 사람은 고삐를 최대한 짧게 잡고 복부 쪽으로 당기면서 손잡이를 놓지 않아야 하고, 이번 경우처럼 내가 타고 있는 말의 고삐를 나 말고도 다른 사람(보통은 말 주인이나 가이드)이 잡고 가고 있던 상황이라면 고삐를 쥐고 있던 다른 이는 줄을 바로 놓아야 한다.

말을 타고 있는 사람은 말과 한 몸이라 생각하고 움직여야 하지만, 말에 타고 있지 않은 사람은 그 말이 어디로 어떻게 튈지 모르기 때문에 이런 상황에서 오히려 줄을 꽉 쥐고 말을 제압하려 하면 본인이 더 심하게 다칠 수 있기 때문이다.

나는 처음 출발했던 지점에 거의 다 와서야 유목민 아저씨의 마지막 제안을 받아들여 1~2분 정도 혼자 말을 타고 달려봤다. 푸르공에 꽂혀있던 승마 안내 수칙을 떠올려 말의 고삐를 왼쪽으로 당기면 왼쪽으로, 오른쪽으로 당기면 오른쪽으로 이동하며 내 몸쪽으로 당기면 멈춘다는 것을 기억해 직진코스에서 아주 짧게 달려본 건데, 짧게 타서 그런지 몰라도 걷는 것보다 달리는 말이 더 재미있었다.

하지만 다음에도 같은 장소에서 트레킹을 하라고 하면 난 똑같이 내 말의 고삐를 유목민 아저씨에게 넘길 것 같다. 산에 갈 때는 역시 전문가가 곁에 있어야 마음이 놓일 테니.

즐거운 시간을 함께해 준 나의 말과 말 주인아저씨께 감사 인사를 전하고 게르로 돌아와 옷을 털려는데, 이건 그냥 털 수 있는 정도가 아니었다.

"언니, 여기도 엄청 붙어 있어요."

"아니, 나 뭐 말을 등으로 탔니?"

돌돌이를 투입시켰음에도 털이 쉬이 떨어지지 않았는데, 어쩜 주인아저씨가 만들어준 다리 보호대엔 털이 하나도 안 붙어 있는지 새삼 신기할 따름이었다.

그 해, 몽골

정 넘치는 유목민이 사는
언덕 위의 파란 집

전날 일찍 잠들어 난롯불이 빨리 꺼진 탓에 너무 추워 강제 기상하
게 된 아침.

일어나보니 시간은 새벽 6시를 넘기고 있었다. 홉스골에서 다시 돌아
나가는 길 또한 멀어 일찍 움직일 생각은 하고 있었는데, 홉스골 투어
를 와서 홉스골을 떠난다니 벌써 모든 일정이 다 끝난 것 같은 기분이
들었다. 바츠카는 우리의 투어 마지막 일정이었던 불강에 가기 전 기사
님의 형님이 계신 곳에 들러 유제품을 먹고 갈 예정이라고 말해주었다.
식당 혹은 카페로 가는 줄 알았던 우리를 데리고 양과 염소들이 뛰노는
초원을 마구마구 달리던 기사님이 차를 세운 곳은 바로 언덕 위의 파란
집이었다. 이때까지도 상황 파악 못하고 목장이 딸린 친환경 식당에 온
건가 싶어 차에서 내리니, 기사님의 가족분들이 밖으로 나와 우릴 반갑
게 맞이해주셨다.

"센베노~"

할 줄 아는 몽골어라곤 이 말뿐이라 가볍게 인사를 건네니 웃으며 안으로 들어오라 손짓하시는 가족분들. 안내에 따라 들어가니 여긴 진짜 집이었고, 우린 가정방문을 한 것과 다름없었다. 웃긴 건 '그냥 애들이랑 놀러 가다 잠깐 들렀소~' 하는 표정의 기사님과 '그랬구만? 그럼 밥 묵고 가라~' 하는 듯한 가족들의 태도였다.

그들은 마치 옆집 양이 우리 집 마당에 와서 우리 집 양들과 같이 풀 뜯어 먹고 놀다 가는 것마냥 아무렇지 않게 생각해서, 이 상황에 적응하느라 안절부절못하는 건 우리뿐이었다.

유목민 게르에 묵었을 때도 주인집 게르에 들어가 수태차 대접을 받은 적이 있었기에 어색함을 티 내지 않으려 일단 주는 걸 넙죽넙죽 받아올렸다. 처음에 가볍게 수태차와 간식으로 시작된 이 티타임이 사실은 에피타이저였다는 걸 이땐 미처 알지 못했으니.

"오늘 기사님 형님이 있는 곳에 갈 거예요. 거기 유제품이 진짜 맛있어요!"

이곳에 오기 전 바츠카가 이렇게 말했기에 이어서 내주신 이름 모를 음식이 우리에게 맛보여주려는 유제품인가보다 하고 쳐다보는데, 바로 다음 음식 준비에 나선 숙모님. (여기서 호칭 정리를 잠깐 하자면 바츠카는 이곳이 기사님의 형님 집이라고 했지만, 삼촌 집 같은 느낌이라 삼촌과 숙모라 칭하겠다) 그렇게 또 가져다주신 음식은 치즈인지 냄비째로 굳은 걸 네모지게 잘라 숟가락으로 한가득 그릇에 담아주셨다. 그것은 마치 계란찜과 푸딩 그 중간 어디쯤의 식감을 느끼게 해줄 것 같았는데, 우리가 음식을 못 먹고 있자 그제야 아차 싶으셨는지 숙모님은 부드러운 빵과 숟가락을 가져다주셨다.

우린 이게 뭔지, 어떻게 먹는 건지 알지 못하는 어린 양들이었기에 바츠카만 뚫어져라 쳐다봤고, 그녀가 시범을 보이면 똑같이 따라 먹었다. 이어서 포크를 주시길래 오흐르크라 부르는 계란찜 모양의 단백질 음식도 찍어 먹어 보니 이건 진짜 계란 맛이 났다. 그렇게 한 차례 유제품 시식 타임이 끝난 줄 알았는데, 이제부터 본 게임을 시작하겠다는 듯 다음에 내어주신 게 염소 고기였다.

허르헉의 느낌보다는 우리나라 족발 느낌이 더 강하게 드는 이 음식은 얼마나 큰 놈을 잡으신 건지 양이 어마 무시했다. 딱 봐도 우리가 다 먹지 못할 양인 것 같았고, 거기에 밀가루 반죽 같은 친구가 짝을 지어 나오자 우린 이게 이른 점심이 될 것 같다는 생각이 들었다.

아침을 먹은 지 얼마 되지 않아 배고플 시간이 아니었기에 이 많은 음식이 하나 둘 테이블을 채울 때마다 놀라움을 감추지 못했다. 그럼에도 불구하고 음식에 손대지 않는 건 우릴 위해 염소를 잡고 유제품을 만들어준 삼촌과 숙모님의 정성을 무시하는 예의 없는 행동이라 생각해 맛이라도 보기로 했다. 숙모님은 음식을 차려주시고 삼촌은 우리가 먹기 편하도록 고기를 발라주셨는데, 여기서 먹은 염소 고기는 여지껏 몽골에서 먹어 본 고기 중 가장 냄새 안 나고 기름지지도 않고 고소하고 쫄깃하니 맛있어서, 이분들이야말로 몽골의 백종원 부부가 아닐까 라는 생각이 들었다.

진짜 몽골 식당에서 파는 고기들이 이 정도 수준만 되어도 게 눈 감추 듯 먹을 수 있겠다고 칭찬에 칭찬을 거듭했는데, 여기에 새우젓과 쌈장까지 있었으면 정말 기깔나겠다 싶었지만, 아무리 그렇다 해도 배부른 이들에게 맛있는 음식은 적게 줘도 남기게 되는 법. 이것도 나름 힘겹게 먹고 있는데, 이번엔 또 새로운 냄비가 등장했다.

"와, 이제 진짜 못 먹겠어."

"이게 진짜 맛있는 거예요!"

더는 배가 불러 못 먹겠다는 나의 말에 바츠카는 아침에 얘기한 유제품이 이 요거트라는 사실을 알려주었다. 이게 그렇게 맛있는 거라면 언제 또 먹을 수 있을지 모를 음식, 맛이라도 보자는 생각에 다시 숟가락을 들었다. 아주 조금만 떠서 바츠카가 시키는 대로 설탕을 추가해 휘저었더니 덩어리져있던 요거트가 묽어지며 우리가 익히 봐온 플레인 요거트로 변하기 시작했다. 맛을 보니 인위적인 플레인 요거트와 확연히 차

이가 나는 건강한 단맛이 혀를 감쌌다.

그렇게 한 번 입을 대자 너도나도 요거트의 매력에 빠져들었고, 여태 나온 음식 중 가장 맛있다고 감탄하며 몇 차례 퍼먹는 우리의 모습을 보고 숙모님은 흡족해하는 얼굴로 원하는 만큼 담아 가도 된다고 말해주셨다. 바츠카는 언제 준비해왔는지 큰 통을 가져와 요거트를 담기 시작했는데, 그녀가 통을 챙기러 나갈 때 우리도 이때다 싶어 줄줄이 밖으로 나왔다.

한국에선 상상도 할 수 없는 드넓은 마당을 가진 기사님의 친척 집 대문 밖 풍경을 바라보며, 그리고 너무도 불러버린 배를 두드리며 이곳도 주소가 있는 건지, 이사 갔다고 친척들한테 연락하면 이런 초원 속에 홀로 있는 집을 찾아갈 수 있는 건지 궁금해졌다.

　우리를 부르는 바츠카 소리에 안으로 들어가니 숙모님이 이번엔 국수를 한 솥 끓여 또 담고 계셨다. '우린 괜찮아요, 정말 배불러요~'라고 말하고 싶은데 숙모님이 너무 맑은 표정으로 '응~ 먹고 더 먹어~'라고 말하는 것처럼 느껴져 거절도 못 하고 다시 자리에 앉아 한 그릇을 다 비워야 했다. 물론 이것도 밖에서 사 먹던 음식들보다 훨씬 맛있었기에, 밥을 안 먹고 왔다면 더 좋았겠다는 생각이 들었다. 하지만 이렇게까지 준비해 줄 줄은 아무도 몰랐던 터라 우리도 먹을 수 있을 만큼만 먹었고, 마지막에 유제품을 굳혀 만들었다는 간식으로 입가심까지 한 후에야 집에서 나올 수 있었다. 배부르게 먹고 가는데도 가면서 먹으라고 간식 챙겨주신 숙모님의 마음은 정말 우리네 부모님의 마음 같았고, 말도 안 통하는 외국인 청년들을 위해 사랑과 정을 나눠주신 그분들의 마음이 따뜻해 우리의 마음도 덩달아 따뜻해지는 것 같았다.

불강 오랑터거 화산이
만들어준 선물

동물들로 인한 때아닌 교통체증을 겪으며 불강으로 가는 길. 다들 곤히 자고 있었는데, 유제품 효과를 직빵으로 본 건지 창림언니가 갑자기 일어나 화장실을 찾기 시작했다.

"불강까지 얼마나 걸려?"

"주변 화장실에 들렀다 갈 수 있나?"

급한 상황인 것 같았다. 하지만 몽골의 현지 공중화장실을 간다는 건 정말 큰 결심이 필요한 일이라 조금만 더 참아보길 권했으나, 어째 가는 길이 계속 평지라 숨어서 볼일 볼만한 곳이 보이질 않았다.

언니가 참다 참다 다시 말했다.

"그냥 괜찮으니까 최대한 가까운 화장실이 있는 곳에 차 좀 세워줘."

우리의 푸르공은 길가에 있는 어느 주유소 근처에 차를 세우게 됐다. 그와 동시에 건너편 공중화장실까지 초고속으로 달려간 언니는 화장실

문을 열자마자 짧은 비명을 지르며 다시 푸르공으로 뛰어왔다.

"언니, 괜찮아요? 볼일 안 봐도 돼요?"

"응, 참을 수 있을 것 같아!"

걱정스레 묻는 나에게 언니는 짧은 말을 남기며 차에 올랐다.

그렇다. 몽골의 화장실, 특히 몽골의 공중화장실은 나오려던 것도 들어가게 만드는 신비한 힘이 있는 곳이다. 시간이 지날수록 몽골의 화장실도 점점 좋아지는 것 같긴 하지만, 아직도 날것의 공중화장실은 그 안에 뭐가 있을지, 또 뭐가 묻어 있을지 혹은 뭐가 살고 있을지 알 수 없어 겁부터 덜컥 나기에 문을 열기 전 내 영혼을 꼭 붙들 만큼 큰 용기가 필요한 곳이다. 그래서 몽골에서 화장실을 갈 땐 관리가 되는 곳을 찾아가야 하는데, 너무 급하면 그런 걸 따질 수 없으니 상태 좋은 화장실이 보이면 신호가 오지 않아도 꼭 들르고 내 몸의 장기들이 돌발행동을 하지 않도록 잘 관리해줘야 한다.

그렇게 우린 화장실을 버려둔 채 다시 차를 출발시켰고, 30분 정도를 더 달려 나무들이 무성한 산속에 도착했다. 도대체 길도 없는 이런 산 중턱을 어떻게 찾아 들어오는 건지 도저히 알 수 없다는 우리의 얼굴을 보고 씩 웃으며 사라지는 기사님.

'불강'이라는 이름이 지역을 말하는 건지 아니면 우리가 볼 오랑터거 화산의 또 다른 이름인지는 명확히 알 수 없었지만, 일단 열심히 올라가 보는데 경사가 너무 높아 몇 걸음 걷지 않았는데도 힘이 들었다. 인간적으로 이 정도 경사면 알아서 포기하라고 만들어놓은 거 아니냐는 말이 절로 나올 정도였다. 오죽하면 원래 다른 길이 있는데 기사님이 일부러

우리 운동시키려고 여기에 내려준 게 아닐까 하는 의심까지 들었다. 그나마 길 중간에 쉬었다 갈만한 곳이 있어 잠시 앉았다 갈 수 있었지만, 이게 누군가의 선의에 의해 만들어진 건지 아니면 그냥 자연재해로 부러진 나무가 굴러 내려오다 양쪽 나무 밑동에 부딪혀 길이 막힌 건데 그걸 등산하는 이들이 의자라 여기며 쉬었다 가는 건지는 알 수 없었다.

다만 누군가는 의자라고 좋아하며 앉았다 가는 이 나무를 또 다른 누군가는 발걸음 옮기기도 힘든데 높이 떠 있기까지 하다며 때아닌 장애물로 받아들이기도 했다는 거다. 그래도 화산을 오르다 뒤돌아볼 때 나무들 사이로 언뜻 보이는 뷰는 또 예뻤기에, 꼭 정상에 가서 탁 트인 풍경을 바라보겠다며 힘들어도 포기는 하지 않았다. 그렇게 힘들게 올라

가고 있는 우리와 달리 성큼성큼 올라가 위에서 쉬고 있던 바츠카와 대웅이. 이들은 우리가 올라가면 저만큼 가버리고 중간에 기다리는 듯해 또 열심히 올라가면 또 저만큼 가버려 뒤에 오는 이들의 원성을 들어야 했다. 그래도 선두주자가 있어 다들 길 잃지 않고 포기하지 않고 계속해서 올라갈 수 있었다.

화산의 정상에 다다랐을 때 처음 마주한 것은 나무 무덤이었다. 처음엔 누가 땔감을 만들기만 하고 안 가져간 줄 알았는데, 중앙에 서 있는 나무 끝에 천이 묶여있는 걸 보는 순간 이것도 히르기수르라는 사실을 알 수 있었다. 그 뒤쪽으로 보이는 풍경이 오랑터거 화산 분지라는 것도.

오랑터거 화산 분지를 보는 순간 무의식중에 뱉어지는 말은 한마디였다.

"이게 다야?!"

허르거 화산과 비교가 될 정도로 생기다 만 느낌이었다.

나무들이 있는 곳만 잡고 보면 그래도 조금 나은 것 같긴 한데 힘들게 올라온 노력 대비 풍경이 기대치에 미치지 못해 살짝 실망스러웠다. 만일 여행 초반에 오랑터거 화산을 먼저 봤다면 느낌이 달랐을까 싶기도 하고, 여행 막바지라고 이제 몽골의 대자연이 익숙해진 건가 싶기도 했다. 그냥 왔던 길 돌아 내려가 숙소나 일찍 가자고 해야 하나 싶어 고민하는데, 우리 일행 중 가장 모험가 스타일인 대웅이가 아래에 내려갔다 오겠다고 했다. 그 뒤를 이어 창림언니도. 호기심 많은 나도 내려가면 열심히 사진 찍고 구경하다 오긴 하겠지만, 내려가는 건 그렇다 치고 다시 올라올 엄두가 나지 않아 나는 위에 남기로 했다.

모험을 선택한 두 명의 멤버들이 아래로 내려가 화산 분지를 관찰하며 다양한 각도에서 사진을 찍어 올 동안, 휴식을 선택한 네 명의 멤버들은 솔솔 불어오는 바람을 맞으며 안정적으로 자연과 하나 되는 기분좋은 휴식을 맞이할 수 있었다.

탐방을 마치고 돌아온 대웅이와 창림언니의 얼굴엔 만족스러운 미소가 차올랐는데, 대웅이는 특히 자연에게 의외의 선물까지 받아왔다며 신발을 들어 보여줬다. 그는 그저 가까이 가서 보고 싶어 했을 뿐이었을 텐데, 오랑터거 화산 분지는 선뜻 다가와 준 고마움을 세상에 단 하나밖에 없을 운동화 페인팅으로 대신해줬고, 우린 나이키와 오랑터거의 콜라보 운동화를 보며 그에게 위로 아닌 위로를 해주었다. 물론 우리의 대웅이는 돈 주고도 살 수 없는 이 멋진 콜라보 운동화를 아주 아끼고 있으니 오해하지 않길 바라지만, 만일 본인이 자연에게 특별한 취급을 받고 싶지 않다면 자연에게 너무 가까이 다가가지는 말라고 말해주고 싶다.

사실 오랑터거 화산은 화산의 분화구뿐 아니라 화산으로 향하는 길에 보이는 화산 전체 뷰, 그리고 흩뿌려진 화산 쇄설물들까지 볼거리가 많은 곳이라 미리 알았다면 중간중간 푸르공을 세워 그것들을 천천히 눈으로 보고 만져도 봤을 텐데, 스쳐 지나가며 볼 수밖에 없었던 게 가장 아쉬운 부분이었다.

하늘과 바람과 별과 술

　목장과 들판이 나오는 옛날 만화에나 등장할 법한 푸르른 풍경에 녹아든 예쁜 통나무집. 그곳이 우리의 홉스골 투어 마지막 숙소였다. 특히 이곳은 안에서도 현관과 창을 통해 바깥 풍경을 볼 수 있다는 장점이 있었는데, 보통 게르는 천막으로 뒤덮여 있다 보니 창문이 없었다. 그래서 창을 통해 산과 바람에 흔들리는 풀들이 빼곡히 박힌 드넓은 초원, 그리고 흰 구름이 가득한 푸른 하늘을 바라볼 수 있다는 게 여기에서만 누릴 수 있는 특권처럼 느껴졌다.

　우리가 갔던 시기가 홉스골 투어가 재개된 지 얼마 되지 않은 때였기에 이 넓은 공간에 우리만 존재한다는 사실이 만족감을 두 배, 아니 열 배로 키워줬다. 조금 멀리 떨어져 있긴 해도 최상의 상태를 자랑하는 화장실이 있고, 샤워 후 개운해진 몸과 마음으로 나왔을 때 보이는 풍경이 그림 같아 단지 숙소로 돌아오는 길을 거니는 것만으로도 힐링이 되니

우리가 잠시 천국으로 여행 온 게 아닐까 하는 착각마저 들었다.

시간이 지나며 구름이 점점 많아지기 시작해 저녁에 별을 보기 어렵진 않을지 살짝 걱정되긴 했지만, 구름이 빨리만 흘러가 준다면 문제가 되진 않을 듯했기에 일단 상황을 지켜보기로 했다.

저녁 메뉴는 두부와 김치가 가득 들어간 김치찌개에 삼겹살로, 숙소 문밖에 마련된 나무 테이블에서 냄새 걱정 없이 조리해 먹기 딱 좋았는데, 주변 풍경까지 캠핑 온 것 같은 분위기를 만들어줘 여행과 먹는 것에 진심인 우리들의 기분이 한껏 고조됐다. 마트에서 삼겹살과 함께 보물처럼 찾아온 소주까지 꺼내니 반주하기 아주 좋은 한식 한 상이 완성됐다. 사실 한국에선 좋은데이보다 진로를 더 선호하는 우리지만, 몽골에서는 소주 구하기가 쉽지 않아 어느 브랜드의 소주든 있는 걸 감사해야 했는데, 특이하게 몽골에서 사는 소주는 한국에서 먹는 것보다 훨씬 더 부드럽게 느껴져 어떤 걸 마셔도 쓰지 않았다.

조금 전까지만 해도 별 못 볼까 걱정하던 우리였는데, 날씨가 꾸물거리자 그 걱정 잠시 접고 빗소리 들으며 삼겹살 먹을 생각에 설레하다 바람 따라 춤추는 가스불 위에 삼겹살 올리고, 가위가 없다는 이유로 고기를 그냥 한 줄씩 구워 먹는 모습을 보니 정말 단순하게 생각하고 순간순간을 즐기게 된 것 같아 며칠 만에 변화된 모습이 조금 놀랍기도 했다.

날이 서서히 저물어가자 다양한 색의 하늘과 주변 풍경들이 시시각각 아름답게 변화하는 모습에 이곳에 살면 마음이 절로 여유로워질 것 같다는 생각이 들었다. 마침 밤하늘에 어여삐 떠오른 초승달 또한 무슨 소원이든 들어줄 것 같아 일행들 모두 한데 모여 달을 보며 각자 소

원을 빌기 시작했다. 나의 소원은 언제나 내가 아는 사람들이 건강하고 행복해지길 바라는 것이기에, 이번에도 어김없이 같은 소원을 빌어줬다. 내가 아는 사람이 늘어나는 만큼 더 많은 이들이 건강하고 행복해지길 바라면서.

몽골의 밤은 정말 정말 늦게 찾아오지만, 한 번 찾아오면 앞에 아무것도 보이지 않을 만큼 캄캄해져 조명이 필수다. 특히 이번 홉스골 투어에선 좋은 숙소에 머문 날이 많았던 만큼 주변에 빛도 많아 별들을 제대로 감상할 수 없었기에 마지막 날은 별을 볼 수 있지 않을까 기대했으나, 구름이 많이 끼고 반대편엔 천둥과 번개를 동반한 비구름까지 몰려와 육

안으로 볼 수 있는 건 북두칠성과 작은 별들 몇 개 정도라 고비사막 투어 때처럼 숙소 앞에서 쏟아지는 별들을 보지는 못했다.

물론 좋은 카메라로 사진을 찍었을 때 별들이 수두룩 빽빽하게 빛을 발하고 있긴 했지만.

그 모습들을 눈으로 봤다면 훨씬 더 좋았을 텐데…. 생각보다 우리 눈은 많은 것을 담는 것 같으면서도 또 담지 못한다는 사실을 인정해야만 했다. 그 후 아름다운 밤하늘 사진은 카메라에게 맡긴 채 우리는 따뜻한 숙소 안에서 편안한 밤을 보냈다.

2% 부족한 몽골 기념품 쇼핑

여행이 끝나가는 사람들의 아쉬움과 이제 막 시작하는 사람들의 설렘이 공존하는 장소, 휴게소에 도착해 처음 투어를 시작할 때보다 더 늘어난 외국인들을 발견하고 놀랐다. 다시 해외여행이 활성화되고 있다는 느낌을 받을 정도였는데, 아직도 여전히 멈춰있는 건 휴게소에서 주문이 불가한 음식들이었다. 일주일이 지났는데 그때도 주문이 안 됐던 메뉴가 왜 여전히 주문이 안 되는 건지…. 결국 주문이 가능했던 음식을 재주문하며 이곳에서 판매하는 김밥과 삐쩍 마른 핫도그인지 짝퉁 치즈스틱인지 모를 꼬치도 같이 주문해봤는데, 김밥의 밥은 다 식었고 내용물은 햄과 단무지가 전부라 김밥 명예훼손죄로 고소할 뻔했다. 게다가 꼬치는 그냥 소시지 튀김이었다는 사실에 허탈했다. 역시 사람들이 안 먹는 건 이유가 있다고 생각하며 이곳에서 먹어도 될 음식과 먹지 말아야 할 음식을 명확히 구분할 수 있었다.

점점 도시와 가까워지고 귀국해야 할 시간이 다가오자 생각난 건 기념품 쇼핑이었다. 사전에 일행들과 캐시미어 상품을 판매하는 곳에 갈 것인지 상의한 후 바츠카에게 부탁해 숙소로 가기 전 고비 팩토리 스토어에 데려다 달라고 했다.

처음엔 도대체 캐시미어가 뭐길래 다들 몽골에서 사 가는 건지 알 수 없었으나 캐시미어가 염소의 양털로 짠 고급 모직물로 겉이 부드럽고 윤기가 흐르며 보온성이 좋은데 가볍기까지 해 고급 의류에 속한다는 것을 알게 되고, 직접 만져보자 이건 사가도 괜찮겠다는 생각이 들었다. 물가를 생각했을 때 금액대가 많이 나가는 제품들도 분명 있었지만, 국내에서 사는 것보다 훨씬 저렴하게 살 수 있는 데다 관광객들도 많이 와 거의 1년 365일 캐시미어 목도리는 행사를 하는 것 같았다. 무늬와 길이에 따라 조금씩 금액은 다르지만, 캐시미어 100% 제품이 4~5만 원 선으로 5+1 행사를 하고 있어 따로 또 같이 구입하는 이들도 있었고, 굳이 제품을 구입하지 않더라도 아이부터 성인까지 각종 의류와 패션 잡화들이 종류별 색깔별로 진열되어있어 구경하는 재미가 있었다.

꼭 선물해야 할 사람에게 어울릴 만한 것을 추천받아 구입하고 선물용 박스에 담아달라고 하니 추가 금액을 받았는데 박스 가격은 5천 원 정도였고, 직원의 센스에 따라 가격이 보이지 않도록 택에 스티커를 붙여주기도 하는 것 같았다.

2차 쇼핑을 위해 시내로 나간 우린 없는 것 빼곤 다 있다는 기념품 성지 국영백화점으로 향했다.

사실 몽골 여행을 할 때마다 느끼는 거지만, 몽골에선 사 올만한 선물이 딱히 없다. 그나마 좀 괜찮다 싶은 게 보드카와 초콜릿 정도인데 주류는 제한 규정이 있고, 작은 소품류는 정말 예쁜 게 없어 현지인 플리마켓이 열리면 거기에라도 의미를 두고 사겠지만 그마저도 열리지 않는다면 그냥 국영백화점이나 출국면세점에서 한 번에 사야 한다. 하지만 출국면세점이 백화점보다 결코 저렴하지 않다는 사실을 알았던 우린 백화점으로 향했고, 자잘한 소품과 인형들을 구경했지만, 예전보다 종류가 많아진 것 같긴 해도 딱히 예쁜 디자인을 가진 거라거나 실용적인 걸 찾지 못해 지갑을 열 수 없었다.

다른 일행들은 마음에 드는 기념품을 골라 구입했는데, 그중 인형은 전부 손으로 만드는지 똑같아 보여도 조금씩 다른 얼굴을 해 마음에 쏙 드는 걸 가져가려면 그와의 합도 중요했다. 특히 가영이가 고른 낙타인형은 그녀에게 가기 싫은 건지 한국에 가기 싫은 건지 도난방지택과 떨어지지 않으려 완강히 버텼다. 이 친구 말고 비슷하게 생긴 다른 인형을 데려가는 게 좋을 것 같다는 권유를 받았지만, 얘 아니면 안 되겠다는 가영이를 위해 계산대에 있던 전 직원이 낙타를 후드려 패 겨우겨우 데려올 수 있었다. 백화점 내 마트에서는 선물용 보드카와 초콜릿을 구입했다. 지난 여행 때 회사 사람들 준다고 보드카 왕창 사 들고 왔다가 세관에 걸렸던 기억이 있어 이번엔 가족들에게 선물할 에덴 1병만 구입하고 친구에게 부탁받은 미니어처 보드카를 찾아봤지만, 이제 마트에서 미니어처 보드카는 팔지 않는다는 답변을 받아 어쩔 수 없이 나의 쇼핑은 개운치 못하게 마무리할 수밖에 없었다.

추억을 남긴 채 다시 일상으로

몇 안 되는 기념품과 개봉하지 않았던 간식들을 캐리어에 넣어가려는데 캐리어에 빈 공간이 없었다.

분명 몽골 올 때 가져온 것들 중 음식이 빠졌으니 공간이 남아야 하는데…. 하는 수 없이 나는 다른 대안으로 캐리어에서 옷을 일부 빼기 시작했다. 애초에 한 번씩 더 입고 기부할 목적으로 가져왔던 옷들이었기에, 몽골에서 잘 입었으니 미련 없이 두고 가기로 했다.

여기서 옷을 두고 간다는 건 옷을 버리는 게 아니라 몽골 고아원에 있는 아이들에게 옷을 기부하기 위해 주고 간다는 것인데, 그 연결고리는 투어사 가이드 팀장인 시네가 맡아줬다. 그녀는 여행자들이 주고 가는 옷과 물품들을 깨끗이 세탁해 고아원에 기부하고, 그 아이들이 자라면서 꿈을 키울 수 있도록 도와주며 혹 가이드라는 직업을 가지고 싶어 하는 아이들이 있다면 교육을 통해 성인이 되었을 때 직접 사회에서 자리

잡을 수 있도록 도와주는 역할을 하고 있다고 했다. 그렇게 자라난 친구들이 몽골을 방문하는 여행자들에게 도움을 주니 이런 선순환 구조가 또 어디 있겠냐며. 그래서 버려질 옷이 아니라 더 입을 수 있는 옷들을 추려 그녀에게 전해줬고, 그렇게 빈 공간이 마련된 나의 캐리어는 국내에서 날 기다릴 이들에게 전달할 선물들로 가득 채울 수 있었다.

모든 것이 계획대로 또 안정적으로 흘러가서일까, 그냥 몽골에서 쉬지 않고 먹다 보니 위가 늘어나서일까, 갑자기 배가 고파지기에 숙소 근처 CU로 향했으나 맥주를 판매하지 않는 지점이 있다는 사실에 놀라 다른 지점을 찾아가야 했고, 그곳에도 몽골 맥주가 없어 몇 안 되는 세계맥주만 겨우 구입할 수 있었다.

한국에서는 4캔 행사로 더 싸게 먹을 수 있는 호가든과 칭따오를 몽골에서 비싸게 주고 사 먹을 수밖에 없는 현실이 안타깝긴 했으나 선택의 여지가 없었으므로 그냥 사들고 왔는데, 다음에 가면 무조건 국영백화점 내 마트에서 몽골 맥주를 미리 사둬야겠다고 다짐했다. 편의점에서 맥주와 함께 사 온 건 컵라면으로 김치면과 김치라면, 이렇게 두 종류가 보여 맛 비교차 둘 다 집어왔는데, 자세히 보니 김치라면은 한국산이 아니었다.

어쩜 양심 없게 외국 라면에 한글로 김치라면이라 박아넣을 생각을 했는지. 겉에 큼직하게 한글이 쓰여있으니 아무 의심 없이 사 가는 사람들이 분명 있을 터였는데, 막상 뚜껑을 열어보면 국물 색부터 맛까지 확연히 달랐다. 짝퉁 김치라면엔 아주 작은 글씨로 '한.국.국.물.맛.'이라 적혀있었는데, 이런 농간이 어디 있을까. 라면은 역시 신라면과 김치면인데 맛대가리 없는 라면으로 입맛을 날리고 나니, 진심으로 몽골 짝퉁 김밥과 김치라면은 국가 차원에서 명예훼손죄를 걸어야 될 것 같다는 생각이 들었다.

　공항으로 향하는 길, 달콤했던 9박 10일간의 몽골 여행이 꿈처럼 사라지더라도 현실 세계로 돌아가 돈을 벌어야 몽골에 또 올 수 있다는 생각을 하니 눈앞이 흐려졌다. 하지만 '돌아갈 곳이 있기에 여행이 즐거운 것'이라는 누군가의 말처럼 나의 일상에 선물같이 찾아오는 여행을 또 다시 기쁘게 맞이하려면 일상으로 돌아가 있어야 한다는 마음으로 한국으로 향하는 비행기에 올랐다.

PART 4

당신의 삶에도
여행이 필요하다

별 하나의 행복을 찾아서

몽골에서 가장 좋았던 것은 단연 별과 함께했던 캠핑이었다.

여행이 끝난 후 캠핑 하나 보고 투어 다시 가겠냐는 질문에 그렇다고 할 정도였으니까.

하지만, 우린 욜린암 캠핑을 못 갈뻔했으니 이유인즉 첫날 묵었던 유목민 게르가 너무 추워 밖에서 자는 캠핑을 일행들이 소화할 수 있을지 걱정되었기 때문이다. 욜린암에 가기 전 시네는 원하면 숙소를 게르로 바꿔주겠다고 했는데, 한 명이라도 캠핑을 원하는 이가 있다면 원래 일정대로 가겠다고도 했다. 나도 추위를 많이 타는 편이지만 나보다 더 추위를 잘 타는 일행들이 있어 게르로 가야 하나 고민했는데, 몽골에 언제 다시 올지 모르는 상황에서 이번이 아니면 기회가 없을 것 같아 캠핑하길 원했고, 이견이 없어 캠핑은 원래 일정대로 진행되었다.

결과는 대만족!

낮에는 멋진 풍경을 보고 평온함을 느끼며 쉴 수 있었고, 밤에는 밤하늘 가득 뿌려진 별들의 축제를 함께 즐길 수 있어 모두가 행복해하고 만족스러워했다.

그건 신이데르에서도 마찬가지였다. 처음엔 욜린암과 너무 다른 느낌의 공간에 우릴 내려줘 당황했으나, 모닥불 앞에서 바츠카를 포함한 일행들과 같은 여행자로서 대화를 나눌 수 있었던 시간, 캐리어를 침대 삼아 누워 추위와 싸워가며 별과 별똥별을 눈에 담아낸 시간은 쉬이 얻지 못할 경험이었기에 더 소중한 추억으로 남겨진 것 같다.

그때 각인된 별빛들로 가끔 위로도 받고 용기도 얻으며 살아간다는 느낌이 들기도 하는데, 어떤 이유에서건 잠시 쉬었다 가고 싶다면, 내 의지와 상관없이 채워져 버린 머리와 마음을 비워내고 싶다면, 몽골에 가서 어두운 밤 별들과 수다 한 판 떨고 오라고 말해주고 싶다.

나를 옭아매고 있던 걱정과 고민거리들이 바람에 실려 날아가고 나면 작아 보이는 별 하나가 그렇게 반짝일 수 없고, 거대한 자연 속 한 평도 되지 않는 공간에 누워있는 나의 행복감이 너무도 충만해져 정말 중요한 게 뭔지 깨닫게 될 테니까.

몽골 여행에 필요한 용기

몽골에 다녀오지 않은 사람들에게 여행 가기 전 무엇이 가장 걱정되냐 물으면, 대부분 화장실과 씻지 못하는 것을 말한다. 하지만 정작 다녀온 후에 다시 물으면 그 사람들은 장시간 이동과 양고기라고 답한다. 이렇듯 우리가 가보기도 전에 생각하는 고민과 걱정은 정작 부딪혀보면 아무것도 아닌 경우가 많다. 하지만 많은 이들이 유독 몽골 여행엔 용기가 필요하다고 말한다.

잘 씻지 못하니 일행들에게 민낯을 공개할 용기
어디서든 볼일을 볼 수 있는 용기
추위와 맞서 싸울 용기
인터넷 또는 전기와 이별할 용기….

패키지여행, 세미 패키지여행, 단체여행, 자유여행 다 가본 내게도 몽골 여행은 조금 특이한 경우라 여겨지긴 하지만, 몽골이라서 내야 할 용기는 딱히 없다고 생각한다. 이곳 또한 여느 여행지와 다르지 않고 몽골의 한 부분으로 받아들이면, 그 어떤 것도 문제가 되지 않기 때문이다.

마지막에 그냥 웃으며 하나의 에피소드라 생각하고 넘어갈 수 있을 정도로.

이런 거 저런 거 없으면 못 살 것 같고 불편할 것 같지만, 인간은 적응하는 동물이라 그 환경에 또 아주 잘 적응해 놓게 되어 있다. 오히려 여행은 누구랑 가느냐, 어디를 가느냐, 어떤 식으로 가느냐, 그리고 그곳에서 누구를 만나느냐에 따라 많은 것들이 다르게 느껴지기에, 그곳에서 마주하게 될 모든 것들을 있는 그대로 받아들일 용기만 있다면 어디를 가더라도 행복하지 않을까?

몽골의 비는
좋은 인연을 데리고 온다

'몽골의 비는 좋은 인연을 데리고 온다'는 말이 있다.

그만큼 비가 내리지 않기 때문에 좋은 인연이 귀하다는 것인지, 아니면 무수히 많이 내리기에 모든 인연이 귀하다는 것인지는 잘 모르겠으나, 내게도 몽골이 좋은 인연을 많이 데리고 와줬다는 것만은 분명하다.

고비사막 투어를 함께했던 경훈이, 병모, 인표 형님, 지은이, 민정이, 누리, 승규.

홉스골 투어를 함께했던 경훈이, 가영이, 창림언니, 대웅이.

가이드 시네와 바츠카, 기사님들까지 나이도, 사는 곳도, 직업도 다다른 이들을 몽골이라는 매개체가 없었다면 과연 만날 수 있었을까?

어쩌면 이번 생에 만날 일이 전혀 없었을지도 모르는 이들인데, 이렇게 만나 즐거운 추억을 함께 만들어 주었으니 모두가 나에겐 고맙고 소중하다. 불교에서는 옷깃만 스쳐도 인연이라는데, 해외를 그것도 며칠 씩이나 함께했으니 이보다 더 특별한 인연이 있을까?

두 번의 투어 다 동행을 구해서 간 것이었으므로 며칠 전까지만 해도 전혀 몰랐던 서로를 알아가며 여행한다는 것이 조금 조심스럽기도 했지만, 여행 내내 모두가 같은 일정으로 함께 붙어 있으면서 그 누구도 불만을 갖거나 문제를 일으키지 않았던 이유는 서로 배려하고 이해해줬기 때문이다. 나의 여행이기도 하지만, 그들의 여행이기도 하기에.

물론 몽골이라는 곳 자체가 많은 것들을 내려놓게 해 여유가 절로 생기는 만큼 주변 사람들을 둘러보게 하는 곳이기도 했지만, 자신의 이기심만 내세우지 않고 각자 다른 이유로 여행을 선택했듯 자신들만의 방식으로 보고 느낄 수 있도록 적절히 혼자만의 시간과 함께하는 시간을 가지며 적당한 거리를 지켜나간 덕분에 우리의 여행이 좋은 기억으로 마무리된 게 아닐까 싶다.

좋은 사람 곁에 좋은 사람이 온다지만 '좋은 사람들 사이에 운 좋게 굴러 들어가게 되는 경우도 있구나'라는 생각이 들 정도로, 나도 더 좋은 사람이 되고 싶게 만드는 인연들이었던 만큼 몽골로 맺어진 모든 인연이 좋은 인연이었고, 귀한 인연이었다.

당신이 궁금해 할 이야기

    고비사막에 이어 홉스골까지 어쩌면 '한 번 다녀온 나라를 굳이 또 갈 필요가 있겠느냐', '그 돈으로 안 가본 다른 나라를 가는 게 더 낫지 않겠느냐'라고 생각할 수도 있겠지만, 우리나라도 여행할 때 서울만 보고 가면 부산을 알 수 없듯 몽골도 고비만 보고 와선 홉스골을 알 수 없다.

    고비는 많은 이들이 생각하는 몽골 그 자체이지만, 홉스골은 많은 이들이 몽골이라 생각하지 못할 만큼 새로운 곳이었다.

"몽골에 온천이 있다고?"
"몽골에 호수가 있다고?"
"호수가 바다만 하다고?"

    우리는 몽골의 땅덩이가 넓다는 건 알지만, 이런 모습의 몽골을 상상

조차 하지 못한다. 반면 유럽인들은 홉스골을 휴양지처럼 생각하며 여행 다닌다고 한다. 그만큼 고비와 홉스골은 많이 다른 모습을 하고 있다. 같은 나라이지만 전혀 다른 느낌을 줘 홉스골 사진을 찍어 올리면, 이곳이 몽골이라고 말하기 전까지 그 누구도 그곳이 몽골임을 알아맞히지 못할지도 모른다.

글을 쓰던 중 고비사막과 홉스골 중 한 군데만 가야 한다면 어딜 선택하겠냐는 질문을 많이 받았다.

그 질문엔 지금도 난 고민할 것 없이 별 많이 보이고 찐 고생해 볼 수 있는 고비사막이라 답하겠지만, 홉스골은 전혀 다른 매력을 지닌 곳이기에 고비사막을 다녀온 사람이라면, 혹은 휴양지 느낌의 자연 속 힐링을 원한다면 홉스골로 가라고 얘기해 주고 싶다.

분명 그 차이를 느끼고 올 수 있을 테니까.

당신의 몽골이 여기서 시작되기를

맨 처음 몽골 여행을 계획했을 때 몽골은 그렇게 핫한 여행지가 아니었다.

나 또한 다른 것 다 무시하고 별 하나만 보고 간 곳이 몽골이었는데, 큰 기대가 없어서 그랬을까?

"예쁘다!"
"아름답다!"
"멋지다!"
"행복하다!"
"좋다!"

나에게 몽골은 이런 말들이 무의식중에도 불쑥불쑥 튀어나오는 곳이었다.

이 말을 하루에 한 번 이상 하지 않은 적이 없었으니.

너무 좋았던 몽골 여행을 마치고 복귀한 지금, 난 다시 바쁜 일상을 살아가고 있다. 그러면서도 여행을 다녀온 후 이 느낌을 오래 간직하고 싶어 처음으로 쓴 후기가 당시 내 블로그에서 주간 조회수 3위 안에 들었고, 그 글이 올라간 지 한 달이 조금 넘은 시점에 조회수가 2만을 넘었다.

그렇다는 건 몽골 여행에 관심 있는 이들이 많다는 이야기일 텐데, 그들이 다 여행을 떠났는지는 모르겠다. 하지만 내 여행기를 읽은 이들이 몽골에 더 큰 관심을 갖게 되고, 별 보러 가고 싶다는 꿈을 꾸며 실제로 떠났으면 좋겠다.

더 많은 이들이 내가 보고 느낀 것을, 아니 그보다 더 많은 것들을 보고 느꼈으면 좋겠다는 생각에….

물론 상황과 환경에 따라 똑같은 공감을 하지 못할 수도 있겠지만, 그 경험에서 얻게 되는 또 다른 무언가가 있지 않을까?

그래서 나의 몽골 이야기는 여기서 끝이 나지만, 당신의 몽골 이야기는 여기서부터 시작되었으면 좋겠다. 그리고 이 책이 당신의 시작에 조금이나마 도움이 되었으면 하는 바람이다.

몽골여행 경비

8박 10일 고비사막 여행 경비

구분	금액(원)	비고
항공권	576,800	
투어비용	700,000	고비 6박7일투어 4명기준
호스텔	20,441	1호실 전체 2박 1/n
공항픽업샌딩비	-	
비자발급	20,000	현재 무비자 입국 가능
여행자보험	7,930	기본형
유심	12,500	
체험 추가비용	-	
공용 회비	85,000	식비, 간식비
선물 구입	42,964	
계	1,465,635	

9박 10일 홉스골 여행 경비

구분	금액(원)	비고
항공권	864,900	
투어비용	1,372,000	홉스골 7박8일투어 5명기준
호스텔	33,400	3인실 2박 1/n
공항픽업샌딩비	22,400	
비자발급	24,031	현재 무비자 입국 가능
여행자보험	15,790	표준형
유심	-	공용 회비로 구입
체험 추가비용	26,000	
공용 회비	200,000	식비, 간식비, 유심, PCR 포함
선물 구입	150,000	
계	2,708,521	

그해, 몽골

초판1쇄 2023년 5월 12일 **초판2쇄** 2023년 7월 19일 **지은이** 신미영 **펴낸이** 한효정 **편집교정** 김정민 **기획** 박자연, 강문희 **디자인** purple **마케팅** 안수경 **펴낸곳** 도서출판 푸른향기 **출판등록** 2004년 9월 16일 제 320-2004-54호 **주소** 서울 영등포구 선유로 43가길 24 104-1002 (07210) **이메일** prunbook@naver.com **전화번호** 02-2671-5663 **팩스** 02-2671-5662
홈페이지 prunbook.com | facebook.com/prunbook | instagram.com/prunbook

ISBN 978-89-6782-187-6 03910